Wasserzauber

Ein Kind
hat hundert Möglichkeiten:
Ein Kind hat hundert Sprachen,
hundert Hände,
hundert Gedanken.
Es besitzt
hundert Weisen zu denken,
hundert Weisen zu spielen,
hundert Weisen zu sprechen.

Loris Malaguzzi

Hundert Welten entdeckt das Kind

Gottfried Heinzelmann

WASSERZAUBER

Experimente und Spiele
rund um das Wasser

Luchterhand

Die Deutsche Bibliothek - CIP-Einheitsaufnahme

Heinzelmann, Gottfried:
Wasserzauber / Gottfried Heinzelmann. - Neuwied;
Berlin : Luchterhand, 1999
(Hundert Welten entdeckt das Kind)
ISBN 3-472-03295-2

Herausgegeben von der Redaktion klein & groß

Alle Rechte vorbehalten

© 1999 by Hermann Luchterhand Verlag GmbH, Neuwied, Kriftel und Berlin

Das Werk einschließlich seiner Teile ist urheberrechtlich geschützt. Jede Verwertung außerhalb der engen Grenzen des Urhebergesetzes ist ohne die Zustimmung des Verlages unzulässig und strafbar. Das gilt insbesondere für Vervielfältigungen, Übersetzungen, Mikroverfilmung und die Einspeicherung und Verarbeitung in elektronischen Systemen.

Gestaltung: Wieslaw Sadurski
Umschlaggestaltung: Rainer Warzecha
Redaktion: Waltraud Prager
Druck & Bindung: H. Heenemann GmbH & Co. Berlin
Printed in Germany, Juni 1999

Inhalt

GIB KINDERN UND WASSER EINE CHANCE 7
Mach dich nicht naß! Vom Weg des Wassers 9
Splitterfasernackt im Waschraum 14
Der eine Tropfen und der ganze Wasserkreislauf 19

EXPERIMENTE RUND UM DAS WASSER 26
Das Meer in die Kita holen 26
Unser täglich Wasser gib uns heute 32
Wasserzauber 36
Das Märchen von der Zauberangel 40
Wasserfarben – Wasser färben 44
Wasserfallmaschinen und andere Erfindungen 53

DAS WASSER SIEHT NICHT MEHR WEIß AUS 56
Wasser früher 60
Wasser in Dörfern, Städten und Ländern 61
Ideenwerkstatt: Ein Glas Wasser 62
Für Wasserscheue 66
Wasser ist Leben? 68

WEGE ZU EINEM WASSERZAUBERRAUM 72
Ist der Waschraum nur zum Händewaschen da? 72
Elemente für einen Wasserzauberraum 76
Planungsvorgaben 83
Wellen machen – Kreise ziehen 84
Du bekommst Wasser – und du bekommst keins 86
Für nachhaltige Erlebnisse – ein Ausblick 88
Wassertropfen – ein Aufruf 89

QUELLEN 93

Dieses Buch versteht sich als Beitrag zur lokalen agenda 21

GIB KINDERN UND WASSER EINE CHANCE

Vor einiger Zeit habe ich das Wasser wieder entdeckt. Dieses Mal als billiges und wertvolles Spielmaterial.

Was da unscheinbar zwischen Fingern zerrinnt, hat viele Seiten, ist schwer zu fassen, birgt Rätsel und Geheimnisse, ist umgeben von einem unsichtbaren Zauber.

Im Sinne von entdeckendem Lernen möchte es Anregungen geben, einen eigenen Wasser-Lern-Weg zu finden. Es ist kein Rezeptbuch, denn manchmal wirft es mit einer Antwort gleich drei neue Fragen auf. Handlungsanregungen wechseln sich ab mit ausgewählten beispielhaften Projektverläufen. Bei der Fülle, die Wasser zu bieten hat, mußte ich mich auf eine Auswahl von Projekten, Experimenten, Spielen beschränken. Alle sind zu Hause oder in einer Kindertagesstätte mit einfachen und einfachsten Mitteln durchzuführen. Zur Umsetzung braucht es eigentlich nur Neugier. Spaß kommt von alleine und mit etwas Beharrungsvermögen und Organisationsgeschick findet sich der „Rest" fast von selbst.

Es empfiehlt sich, klein anzufangen. Wer sich darüber hinaus steigern möchte, realisiert vielleicht sogar eines Tages einen Wasserzauber(t)raum.

Kinder machen Fehler, Erwachsene auch. Aus vielen Gesprächen mit Kindern und Erzieherinnen weiß ich, daß Kinder an Stelle einer Bestrafung gerne eine Chance eingeräumt bekämen. Es ist ihnen sehr wichtig, in einer solchen Situation wenigstens eine Chance zu erhalten. Das vorliegende Buch enthält gleich eine doppelte Chance. Eine Chance für Kleine und eine Chance für Große.

Chance Nr. 1: Wasser zum Anfassen. Mit nur einem kleinen Tropfen liegt ein riesiger Erfahrungsschatz eines kleinen, manchmal unscheinbaren Künstlers in unserer Hand. Diesen Schatz entdecken kann eigentlich jeder. Und auch jeder kann ein klein wenig bei der Gewährung und Umsetzung dieser Chance für Kinder beitragen.

Chance Nr. 2: Wasser zum Lernen. Kinder leben noch nahe an der Quelle. Quirlig sind sie im „Fluß des Lebens", der auch ein „Fluß des Lernens" ist. Als Kinder lernen wir in den ersten 10 Lebensjahren mehr als in all den folgenden - auch über Wasser. Das prägt. Und deshalb ist es auch eine Chance für uns Erwachsene, die wir schon etwas gemütlich bis dröge dahin „fließen". Durch die Offenheit der Kinder können wir einfacher „im Fluß" bleiben. Im Kontakt mit ihnen ist es leichter, wieder ins „lebendige (lebenslange?) Lernen" hineinzufinden. Manchmal kann ich nur staunen, wie schnell und zielsicher sie Antworten auf komplexe wie existentielle Fragen finden, zu deren Beantwortung wir Erwachsene mehr als nur Zeit brauchen. Und so käme zu der Neugier der Kinder die Lust der Erwachsenen, auch das eine oder andere mit Wasser auszuprobieren. Vielleicht erst heimlich, zu Hause in der Küche, oder in einer Lernwerkstatt? Und erst recht ist Wasser eine Herausforderung für jeden Pädagogen. Es ist ein „demokratisches" Spielmittel und verträgt sich schlecht mit einer Zeigefingerpädagogik.

Wer sich an die Realisierung der beiden Chancen macht, dem öffnet sich durch und über Wasser eine Brücke. Eine Brücke zwischen den Generationen, zwischen „Großen", die eigentlich die Verfehlungen und Altlasten von gestern zu verantworten haben, und den „Kleinen", die morgen auf dieser Erde mit unseren Hinterlassenschaften klarkommen müssen. Wenn Kinder schon heute ihre Chance erhalten, so sind sie für morgen gut gerüstet - spätestens dann nämlich, wenn sie kreative Lösungen für lebensbedrohliche Fehlentwicklungen finden müssen.

Und weil das alles nicht nur alleine und im stillen geht, ist das Buch auch eine Brücke zwischen Kindertagesstätte, Gemeinwesen und dem „Rest" der Gesellschaft. Und wenn sich nur mit Hilfe des Wassers ein Problembewußtsein entwickelt, das eines Tages andere Haltungen, Einstellungen, Gewohnheiten, Wertschätzungen befördern und hervorbringen hilft. Und solche vielleicht nicht nur zum Wasser?!

Ein achtsamer Umgang mit (Trink)Wasser, dem kostbaren, wertvollen, sensiblen Gut, das wäre doch was - als Ergebnis zweier Chancen - wäre das nicht ... zauberhaft?

Mach dich nicht naß! Vom Weg des Wassers

Es kommt in unseren Breitengraden aus dem Hahn, um nach ca. 30 cm Fallhöhe möglichst schnell wieder zu verschwinden. Es riecht nicht, es schmeckt nicht. Es sieht nach nichts aus, ist farblosdurchsichtig, verursacht von sich aus keine Geräusche, zerrinnt zwischen den Fingern. Es läßt sich nur ungern festhalten, ist neutral. Wasser. Das soll sich als sinnenanregendes Spielmaterial eignen?

Und doch - Wasser hat das gewisse Etwas. Es ist von Geheimnissen umgeben, hat vielfältige Eigenschaften und eigentümliche Schönheiten aufzuweisen. In sich birgt es Rätsel. Ein Zauber geht von ihm aus. Es fördert Momente des puren Glücks, beflügelt die Fantasie. Nennen wir dieses Etwas, das sich nur schwer entziffern und schon gar nicht erschließen läßt - nennen wir es „flow" (oder gar „Tao"?). Von einem unscheinbaren, schwer faßbaren Phänomen der Natur ist hier Rede. Von einer Essenz, einem Urelement, ohne das es kein Leben gibt, ohne das Überleben in Frage steht. Wasser ist Lebensmittel, Lebensgrundlage für Pflanzen, Tiere, Menschen. Zu 71 % bedeckt es die Erdoberfläche. Unser menschlicher Körper besteht zu mehr als zwei Dritteln aus ihm. Ohne Wasser kein Wachstum, keine Zellteilung, kein Regen. Nicht nur, daß Wasser einzigartig, wertvoll und kostbar ist. Es macht auch Laune und Spaß. Und es macht naß.

Wasser also als Spielmittel? Wasser als Experimentier„material"? Wasser als Spaß und Quelle von Freude? Warum nicht?! Wasser hat einiges zu bieten. Es ist Spiegel, ist Lebensspender. Wasser bewegt sich spielend zwischen den Extremen Überfluß und Wüste. Wasser kann Anlaß sein für Entdeckungen seiner zwitterhaften Eigenschaften und vielfältigen Fähigkeiten zum Beispiel. Es weist sehr unterschiedliche Qualitäten, Formen, Bewegungen auf. Es ist kreativ, innovativ, flexibel. Wasser war immer schon gut für Erfindungen oder Kultur. Es ist Voraussetzung für Schiffs- und Handelswege wie für die Gründung von Siedlungen. Für einen Pädagogen ein wahrlich phänomenales Medium, eine Herausforderung. Und die Umweltpädagogik/Abteilung Wasser ist für 0-10jährige noch längst nicht ausgereizt.

Kinder möchten mit Wasser spritzen, alles selbst abwaschen. Sie laufen gerne in nassen Socken rum, werfen Wasserbomben, bauen Kleckerburgen. Sie stapfen am liebsten ohne Gummistiefel durch Pfützen und wollen solange mit Wasser spielen, wie sie wollen! Wasser ist ihr Element. Ja, wenn es nach den Bedürfnissen von Kindern ginge?! Kinder sind neugierig, spielen und staunen gerne. Mutig probieren sie alles Mögliche aus, experimentieren, möchten lernen, mehr wissen. Kinder möchten ihren Spaß. Und genau das läßt Wasser zu. So der Rahmen dafür stimmt, möchte man als besorgte Mutter oder gestreßte Erzieherin hinzufügen. Wasser hat für jeden etwas. Es „bedient" jede Entwicklungsstufe, alle Altersgruppen (so Erwachsene sich darauf einlassen). Wasser gibt Antworten auf Fragen. Es wartet geduldig darauf, entdeckt zu werden oder fließt einfach weiter. Ihm ist es egal, ob es beachtet wird. Es gibt viele Gelegenheiten und Möglichkeiten, dem Wasser auf die Spur zu kommen. Gibt es die wirklich? Auch das „Nicht-mit-Wasser" ist als heimliche Botschaft - hidden curriculum - im Mikrokosmos von Kindern „erlebbar". Zu Hause, auf der Straße, in der Kindertagesstätte, in der Schule, im Stadtraum lernen Kinder auch die Wasser-Nicht-Kultur kennen. „Geh nicht durch die Pfütze!" - „Spiel nicht am Fluß". - „Macht dich nicht naß!" Die Nichtkultur wird als Einschränkung, Norm, Tabu, Mißachtung weitergegeben. Auch wenn Kinder das nicht möchten. Die weitverbreitete Das-Wasser-kommt-aus-dem-Hahn-Einstellung schafft eine Distanz zum Wasser. Und diese Distanz ist die Schattenseite unserer „Kultur". Manche sagen auch Zivilisation dazu. Das Wasser der Städter ist gebändigt, verrohrt, kanalisiert, funktionalisiert. Das Eigentliche des Wassers, das Wilde, das Unbändige, das Bedrohliche ist weit, weit weg. Es liegt, fließt, tost weit außerhalb der Städte. Das Stadtkind trifft auf Grenzen. Und Kinder passen sich an. Manchmal ganze Generationen. Sollen sie das?

Meist geht es eben nicht nach den Kindern. Es sind vor allem die Erwachsenen, die den Umgang mit Wasser bestimmen. Die Erwachsenen haben die Macht und die Mittel, bestimmen über Sinn und Zweck. Und dahinter stehen meist ganz andere Interessen als die Bedürfnisse der Kinder. Als Erzieher/innen stehen Erwachsene Wasser möglicherweise skeptisch gegenüber, wägen Spielwert zugunsten von anderem ab. Und das Andere kann sehr viel sein... Als Eltern schränken sie den Umgang mit Wasser ein. Denn das weitere Wohl des Kindes wie auch der Tageslauf sind durch die Nässe gefährdet, Krankheiten lauern. Erwachsene lotsen Kinder vorbei an nassen Stellen, begehrlichen Pfützen zum Beispiel; manchmal mehr oder weniger geschickt; manchmal mit fadenscheinigen Argumenten. Und manchmal werden Kinder mit Machtworten ins „BleibTrocken" geleitet. Erwachsene verbieten, schränken ein. Bewußt oder unbewußt geben sie so ihre (Nicht?)Erfahrungen, Einstellungen, Haltungen, Gefühle weiter, übertragen sie auf die nachfolgende Generation. Wenn es nach den Erwachsenen geht, hat Wasser vor allem einen Nutzwert: Es dient der Hygiene. Und so werden Kinder zum Händewaschen, Zähneputzen, Gesicht und Ohrenwaschen angehalten und erzogen. Und manche Kinder sind nur deshalb wasserscheu.

Doch das Kind möchte nicht nur Händewaschen! Es will durch die Pfütze und tut es auch. Egal, ob es Gummistiefel anhat oder keine. Einzig das „Hier und Jetzt" zählt. Es verwandelt Spülbecken und Badewannen in Spiellandschaften, setzt Waschbecken und Waschräume notfalls unter Wasser. Es sucht die Lücke im Wasser oder in den Dämmen der Erwachsenen. Mit der ihm eigenen Cleverneß überwindet es Widerstände. Bei klaren Verboten spielt es eben heimlich. Oder es spielt gerade dann, wenn es nicht paßt: Im schönen Kleidchen watet es genußvoll mit den neuen weißen Schühchen durch die Dreckbrühe. Eltern und Erzieher können ein Lied davon singen. Sie sind manchmal so machtlos, wenn es um Kinder und Wasser geht. Das mit dem Wasser ist ein mühsames Geschäft. Und Eltern oder die Erzieherin, beide können bei soviel Motivation seitens der Kinder meist nur entweder oder. Mal sind sie hart wie Eis („nein!") - oder werden weich wie der dahinschmelzende Schnee in der Frühjahrssonne und kapitulieren („ja, wie du willst"). Können sie überhaupt gewinnen?

Dabei könnten sich Erwachsene mit einem „sowohl als auch" viel Kraft, Nerven und Ärger ersparen. Warum nicht das Spiel mit Wasser fördern und dazu geeignete Rahmenbedingungen schaffen? Wer seinerseits clever ist, nutzt die freiwerdenden Streß-Energien. Zum Beispiel, um gemeinsam mit Kindern das Wasser zu entdecken. Er begleitet Kinder bei ihren kleinen Forschungen und Entdeckungen, stellt Fragen, hört zu. Statt den gelangweilten Allwissenden zu geben, der er nicht ist. Neugierig nimmt er Fragen und Antwor-

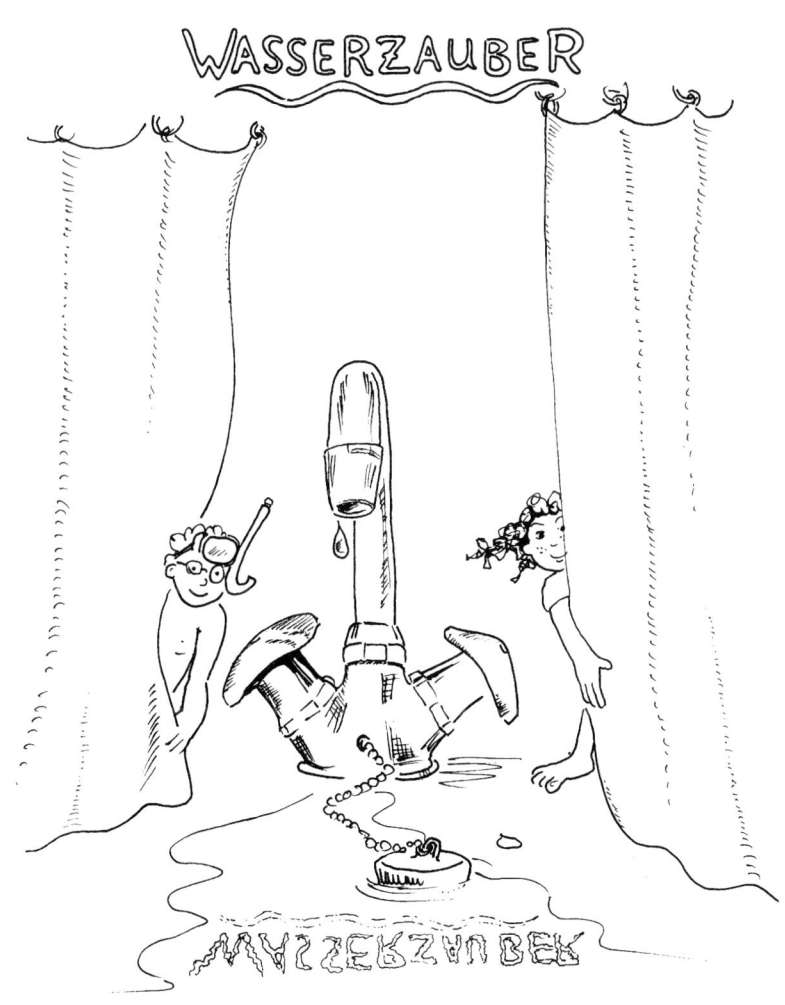

ten ernst, bestärkt erste Erklärungsversuche und vorläufige Theorien, verstärkt das Philosophieren und kleine wissenschaftliche Erkenntnisse. Clevere Erwachsene kommen darüber in den Dialog - nicht nur mit Kindern, sondern auch mit Wasser. Sie legen so über gelungene Lernprozesse Grundlagen für die weitere kindliche Entwicklung. Entdeckendes Lernen heißt das Zauberwort. Wer sich so auf den Weg macht, arbeitet mit möglichst wenig Kollisionen, kräfteschonend, kommt mit wenig Zielen aus. Er ist dem Fluß des Lernens - *flow learning* - schon recht Nahe.

Wem es weiter gelingt, den geeigneten Rahmen zu schaffen, um geschickt die vielen Möglichkeiten des Wassers zu nutzen, der ist vielleicht schon bald „im Fluß des Lebens", dem lebenslangen Lernen sehr nah. Und das bringt, auf Dauer gesehen, nach anfänglichen Schwierigkeiten und Unsicherheiten sehr viel befriedigendere Ergebnisse und auch Spaß. Der „Rest" ergibt sich dann fast wie von selbst. Ob das die Ausstattung oder der Raum ist, der sich verändert (als Ausdruck des Erlebten, als weiterer „Erzieher"). Ob das differenzierte alters- oder entwicklungsentsprechende Angebote sind. Sie sind für den „andächtigen" 2jährigen andere als für die „philosophische" 5-6jährige oder den obercoolen, abgeklärten, „wissenschaftlichen" 10jährigen.

Der weitere Rest - Konzentrationsvermögen, Verantwortung, Einstellungen, Erfahrungen ist dem transportierenden Fluß wie Fließenden ziemlich gleichgültig. Wasser im Fluß sucht sich seinen Weg. Gelassen und elegant umströmt es Hindernisse. Und wer sich traut, seine Erfahrungen durch ein so-sein ... z. B. so-Sein wie Wasser ... zu machen, der erweitert nicht nur seine Fähigkeiten. Er lebt auch eine größere Bandbreite von Eigenschaften. Er kommt auch sicher durch Strudel und Tiefen, Wasserfälle und Wirbel, Wellen und Fluten. Der weiß im Leben wie in der Pädagogik Kehrwassereffekte, Hindernisse wie Strömungen oder Staus zu nutzen. Vielleicht findet er seine eigenen Selbstreinigungskräfte, setzt sich für bedrohte Lebensgrundlagen und weniger verschmutztes Wasser ein. Schön wär´s! Wasser hat viele Seiten. Man kann sich ihm auf viele Arten nähern. Doch nur wer reinspringt, lernt auch schwimmen: *flow learning* eben.

Splitterfasernackt im Waschraum

Pädagogik, Konzentrationsvermögen, Verantwortung ... Den beiden Kindern Mona und Julian ist das alles viel zu „theoretisch". Ihr Zauberspruch lautet: Wasserhahn auf - Wasserhahn zu - und naß bist du.

„Mach die Türe auf!" Vor der Türe zum Waschraum hat sich eine große Pfütze gebildet. Von innen kommt Lachen und Glucksen. Der Wasserhahn läuft und läuft. „Mona! Es reicht! Hör auf jetzt. Hier ist alles überschwemmt!" Elke ist stinksauer: „Ihr wischt alles auf! Alles!" „Wassermutschiwatschi", ist die Antwort von innen. Mona kichert. Flüstern. Taps, taps, taps. Mit großen Schritten stakt Mona zum Waschbecken und dreht den Hahn zu. Taps, taps, taps. Mit großen Schritten geht es zurück. Mona klettert auf den Rand des Duschbeckens. Platsch rutscht sie in das Becken. Gurgeln, Prusten. „Ich bin ein Eisbär im kalten Polar", singt sie lauthals, als sie wieder an der Oberfläche auftaucht.

Julian schaut Mona in die Augen. Oh, wie gut sie diesen Blick kennt. Er heißt: Genug, genug jetzt! Wie er in den Augen brennt. Es geht durch und durch. Doch noch ist es nicht genug. Mona klettert wieder auf den Rand der Duschwanne und rutscht langsam mit angezogenen Knien in das Becken. Eine große Welle schwappt über den Rand, durchflutet den Waschraum und kommt als Pfütze um Haralds Sandalen zum Vorschein.
„Mona! Mach wenigstens die Türe auf, damit die Kinder aufs Klo können!"

Wieder ist Stille. Wie genau Mona weiß, daß es beim anderen Gruppenraum noch ein zweites Klo gibt. Sollen die Kinder dorthin gehen. Da zieht Julian den Stöpsel raus. Mona sieht ihm in die Augen. Julian weiß zu gut, was dieser Blick zu bedeuten hat: Ach Julian, was bist du nur für ein Schisser. Dieser Blick geht so durch und durch. Doch Julian weiß, daß es jetzt zuviel ist. Denn wenn Harald sauer ist, kann das sehr unangenehm werden. Aber das ist Mona völlig egal. Vergnügt krächzt und quietscht sie weiter: „Ich möchte ein Eisbär sein, im kalten Polar. Alles ist so klar." Mona ist sich im klaren, daß vor der Türe nicht nur Harald und Elke stehen, sondern auch wenigstens Torte, Esengül und Jörn. Wahrscheinlich aber noch viel mehr Kinder. Und so genießt sie ihr Spiel. Es ist, als ob die Wände aus Glas wären. „Ich bin splitterfasernackt. Ist es nicht schön splitter zu sein?!" quasselt sie vor sich hin. Julian findet es jetzt gar nicht mehr splitter. Ihre Reise ist zu Ende.

Angefangen hatte es mit Puppenbaden. Mona hatte Puppe Seda eingeseift. Von oben bis unten. Julian hatte am anderen Waschbecken mit einem Feuerwehrboot gespielt. Und weil Feuerwehrboote spritzen, so spritzte es bis zum Waschbecken von Mona. Und weil beide von oben bis unten naß waren, kletterten sie unter die Dusche mit allem, was sie anhatten. Mit einem Mal verwandelte sich die Duschwanne in ein Paddelboot und Mona war ständig dabei, das Wasser herauszuschöpfen, damit sie nicht untergingen. Julian hatte ein rotes Sieb auf dem Kopf und steuerte mit dem Schrubber. Sie waren zum Nordmeer gepaddelt. Das Boot war gesunken. Mona wollte danach tauchen, weil sie alles, alles darin vergessen hatte. Ihren Lippenstift, das Geld und die Puppe Seda. Bluse, Hemden und Hosen hatten sie längst über Bord geworfen. Und um besser tauchen zu können, hatte Mona ihren Schlüpfer ausgezogen. Lange blieb sie unten.

Julian dachte schon, seine Mona würde ertrinken und er bereitete sich darauf vor, sie zu retten. „Es ist tief", prustete Mona und tauchte erneut. Wieder dauerte es lange, bis sie nach oben kam. Julian kam es unendlich vor. „Rette mich!" japste sie, als sie wieder oben war und sank halb ohnmächtig an den Rand des Beckens. Da blieb Julian nichts anderes übrig. Er zog seine Mona auf einen Eisberg, der zufällig vorbei geschwommen kam. Beim besten Willen konnte er sie nicht ertrinken lassen. Schließlich wurden sie zu Eisbären. „Damit es uns nicht mehr so kalt ist", sagte Mona. Treu spielte er mit und plumpste als Eisbär von der Scholle ins Polarwasser. Später ließ Julian warmes Wasser einlaufen, um Mona wieder zu beleben, denn sie hatte schon blaue Lippen und zitterte.

Doch jetzt ist es genug, das spürt er. Julian spürt das durch die verschlossene Tür. Vor allem sieht er jetzt die vielen nassen Handtücher, die auf dem Boden schwimmen. Wenn Harald schlechte Laune hat, kann das einen Riesenärger geben. Und den möchte Julian sich und seiner Mona ersparen. Also trocknet er sich lieber mit dem letzten trockenen Handtuch ab.
„Mutschi. Watschi. Waschi. Julian rette mich!"

Doch Julian hat partout keine Lust mehr, Mona zu retten. Geschickt zieht er den Besenstiel heraus, der zwischen Türklinke und Heizkörper klemmt und öffnet vorsichtig die Türe. Mehr spürt als sieht er Haralds wütende Blicke und zuckt mit den Schultern. Inzwischen ist Mona aus dem Becken geklettert. Tropfend und quietschend tapst sie mit langen schweren Schritten durch die Türe. Alle sollen sehen, wie glücklich splitter sie ist. Und was für ein wildschöner tapsiger Eisbär sie sein kann.

Das Nachspiel

Nach ihrer Waschraumsause hat Mona ein schlechtes Gewissen. Zu gerne hätte sie gewußt, ob ihre Überschwemmung ein Nachspiel hat.

Wir ahnen bereits, daß die Überschwemmung im Waschraum in der Kindertagesstätte Purzelbaum Folgen haben wird. Nehmen wir mal an, Mona und Julians Wasserorgie hat sich im ganzen Haus herumgesprochen. Werden die Wellen höher schlagen? Wird „schmutzige Wäsche" gewaschen werden? Müssen Mona und Julian mit einer Strafe rechnen? Oder haben die beiden Fürsprecher? Wird es hitzig in der Teambesprechung zugehen, weil sich die Reinigungskräfte und der Hausmeister beschwert haben? Wird ihr Waschraumabenteuer also „Folgen" haben?

Aber - vielleicht ist in dieser Kita alles gaaanz anders. Möglicherweise haben Reinigungskräfte und Erzieherinnen längst mit Kindern eine Vereinbarung getroffen? Einzige Strafe nach solchen Ereignissen, wäre demnach die Wiedergutmachung von entstandenen Schäden. Mona und Julian hätten also bereits den Boden gewischt. Nasse Handtücher hätten schon lange Waschmaschine und Wäschetrockner passiert und hingen wieder am gewohnten Haken? Es könnte aber auch so sein, daß der Leiterin, Frau Schnefert, heute ein für alle Mal der Kragen platzt. Vielleicht ob dem Architekten, der direkt vor dem Waschraum einen Teppichboden hat verlegen lassen. Oder wegen der praxisfernen Leute vom Amt. Denn auch in ihrer Kindertagesstätte verschwindet das Wasser nach 20 cm freiem Fall auf direktem Weg wieder im Abfluß. Und vielleicht sieht Frau Schnefert diese Überschwemmung als eine Chance, nimmt sie zum Anlaß und geht diesmal nicht so schnell zur Tagesordnung über? Vielleicht denkt sie, später und in Ruhe, wenn ihr Ärger verraucht ist, noch einmal über die Wasserspielmöglichkeiten und Nichtmöglichkeiten ihrer neugierig verspielten Kinder nach?

In diesem Fall dürfen wir gespannt sein, was Frau Schnefert und ihr Team aus dem splitterfasernackten Auftritt von Mona für kreative Schlüsse ziehen wird. Lassen wir Frau Schnefert nach Feierabend das chinesische Weisheitsbuch „I Ging" zur Hand nehmen und noch etwas grübeln. Vielleicht hatten früher die öffentlichen Brunnen der Dörfer eine weitere Bedeutung? Eine Bedeutung, die den modernen Städtern nebst ihren gut funktionierenden Kindereinrichtungen abhanden gekommen ist?

„In alten Zeiten bildeten sich Siedlungen im Umkreis von öffentlichen Brunnen. Das Leben der Gemeinschaft hing von der Wasserversorgung ab. Obwohl die Menschen auch Nahrung brauchen, war das Wasser für sie von weit größerer Bedeutung. Daher sieht man im Brunnen ein Symbol der Lebensenergie, die von allen geteilt wird und absolut lebenswichtig ist. Regierungen und Generationen kommen und gehen, aber diese grundlegende Quelle des Lebens bleibt bestehen." (aus dem „I Ging")

Der eine Tropfen und der ganze Wasserkreislauf

Erwachsene scheinen dazu berufen, Kinder unter allen Umständen von Wasser fernhalten zu müssen. Sie denken bei Wasser vor allem erst einmal an Katastrophen, Überschwemmungen, Naßwerden. Wählen wir also einen vorsichtigen Wassereinstieg. Wie wäre mit einem einzigen unscheinbaren kleinen Wassertropfen? Er verursacht keinen Wasserschaden, läuft nicht über, macht nur wenig naß. Bevor wir unseren ganzen Mut zusammennehmen, um ihn anzufassen, schauen wir uns erst einmal um, wie Kinder und Erwachsene den einen kleinen Tropfen mit ihren Augen, Nasen, Ohren, Finger und Mündern wahrnehmen. Wir nehmen eine Pipette, etwas frisches Wasser und eine Lupe. Patrick, Fernando, Marlen und Michelle mit ihren knapp zwei Jahren betrachten den Tropfen in ihrer Hand recht skeptisch und scheu. Ich frage: „Wie fühlt er sich an?" Er soll etwas können? Sie haben noch keine Worte dafür. Ich gebe ihnen ein Stückchen Schnee in die Hand. Naß und kalt ist er - und schmilzt. Aus ihren kleinen warmen Händen tropft Wasser. Vielleicht ist es ihr erster Schnee? Fini ist fünf! Auf ihrem Finger ist der Tropfen verschwunden. „Wo ist er hin?" frage ich sie. Antwort: „In den Finger hinein." Oder ist er auf den Boden gefallen? Wo könnte er bloß sein? Aha - „Er ist weggeflogen - zur Decke!" Fini klettert die Sprossenwand hoch, sucht den kleinen Tropfen unter der Decke, versucht ihn dort oben wieder einzufangen. „Da schau! Er ist wieder in meiner Hand!" sagt sie. Doch - oh - der kleine Tropfen ist schon wieder weg. Ich frage Hortkinder, was ein Tropfen alles kann. Moritz, Martin, Peer, Sandra, Annika und Dajana halten sich erst vornehm zurück. Was ein Tropfen alles kann - will der wissen?! „Zerschmelzen", „verdunsten", „einsickern, einziehen", kommt es dann schnell. Das „Fliegen" ist umstritten. Über 100 Erzieherinnen hatten in Fortbildungen und Workshops einen Wassertropfen in ihrer Hand. So wollten wir herausfinden, was der eine Tropfen alles kann. Fast 100 Eigenschaften, Fähigkeiten und Befindlichkeiten sind zusammen gekommen. Und das ganz bequem im Sitzen, ohne Naßwerden, ohne Experimente, ohne Staunen. Einfach nur durch Nachdenken und Besinnen auf die eigenen Erfahrungen. Ein großer gemeinsamer Erfahrungsspeicher tat sich auf. Alle hatten in ihrer Kindheit mit Wasser gespielt, am Teich, am Bach, am Strand, an der Regentonne, in der Badewanne, beim Abspülen Erfahrungen gesammelt. Eigentlich beste Voraussetzungen, könnte man meinen, um auch der nachfolgenden Generation einen solchen Erfahrungsschatz zu eröffnen. Ob sie auch den Mut, die Zeit und die Gelassenheit haben, ihre Wassertropfen-Erfahrungen an Patrick, Michelle, Fini und wie sie alle heißen mögen, weiter zu geben?

Materialien: eine Lupe, eine Pipette, ein Löffel, ein Messer, Siebe, Schläuche, Behälter in jeglicher Art, Form und Größe, ein Rohr, Gläser, eine Kanne, Feuerzeug, ein Quirl, ein Rührlöffel, Trinkhalme, Dosen, Korken, Zahnstocher, Alufolie, Knete, Schwamm

ich bin...

heiß und kalt
schwer und leicht
fließend und starr
klein und groß
Nebel Schnee
Regen im Fluß

ich kann...

plätschern, glitzern,
rauschen, tropfen,
Geräusche machen, begeistern,
blubbern, gefrieren,
mich mit anderen sammeln, mich vereinigen,
transportieren, zerteilen, zerlaufen,
spiegeln, säubern, zusammen- und auseinanderfließen,
auflösen, löschen, hängen, ploppen,
zittern, erfrischen, mich teilen und mich verbinden,
heilen und zerstören, nässen, verdünnen, fallen,
fließen, ausweichen, versickern, aufweichen,
tropfen, kullern, eine Blase bilden, verdunsten, verdampfen,
verbinden und trennen, zerplatzen, mich mit Luft vermischen,
rollen, halten, fallen, versickern, Licht brechen,
färben, mich absetzen, Regenbogenfarben erzeugen,
kondensieren, trocknen, kristallisieren,
Sachen tragen oder untergehen lassen, keimen, wachsen lassen,
lösen, vergrößern, einen Stein höhlen,
tragen, stauen, riechen und nicht riechen,
verschmutzen und säubern, eine Spur hinterlassen,
aufnehmen, rinnen, kühlen und wärmen

Wetten: Der eine kleine Tropfen auf deinem Finger kann noch viel mehr?!

Mona und Julian mußten versprechen, bis auf weiteres den Waschraum nicht noch einmal unter Wasser zu setzen. „Wie du meinst?!" hatte Mona erst geknurrt, als Elke freundlich fragte: „Wie wär´s, wenn ihr es einmal mit einer kleinen Menge Wasser versucht? Mit einem Tropfen zum Beispiel?" Und weil Mona Mona ist, fehlen jetzt zu Hause in der Küche alle möglichen Gegenstände. Und weil Mona Julian zum Freund hat, hat auch der von zu Hause einen ganzen Sack voll Sachen mitgebracht. „Weil es in der Kita nämlich auch gar nichts gibt!" war Monas Antwort auf Haralds Blicke. Um nicht dauernd gestört zu werden, haben sich die beiden im Waschraum erneut eingeschlossen. Eigentlich wollten sie herausfinden, was ein Tropfen alles kann. Doch weil ihnen das bald ziemlich langweilig wurde, haben sie noch ganz andere Sachen ausprobiert...

Der Zauber eines Wassertropfens

Und weil der kleine Wassertropfen so vieles kann und nur ungern an einer Stelle verweilen mag, geht er mutig auf Reisen. Dabei helfen ihm die anderen Urelemente wie Feuer, Luft, Erde und Holz. Überall und nirgends ist unser kleiner Freund zu finden. Bald hier und bald da gibt er sich für einen kurzen Moment zu erkennen - um erneut zu verschwinden. Zu gerne tanzt er aus der Reihe der anderen Tropfen. Und doch entsteht so etwas wie ein größeres Ganzes ohne Anfang und ohne Ende - der Wasserkreislauf. Auch die Kindertagesstätte ist ein kleiner Teil in diesem großen nichtendenwollenden Kreislauf. Wasser tropft aufs Dach, kommt durch den Wasserhahn, verschwindet im Abfluß. Wenn wir mehr über Wasser herausfinden möchten und versuchen, ihm zu folgen, werden wir bald feststellen, daß der Wasserkreislauf um vieles größer ist, als wir erforschen können.

Aber - es gibt einen „Zaubertrick". Indem wir ein „Fenster" im großen Kreislauf öffnen, ist es möglich, einen kleinen Ausschnitt in den Alltag „hereinzunehmen". Mit Fantasie und im Spiel können einzelne Stationen des kleinen Wassertropfens als kleine Ausschnitte seiner großen Reise erlebbar werden. Ein „Fenster" kann so zum Kristallisationspunkt für ein pädagogisches Projekt werden. Wasserprojekte könnten u. a. sein:

- das Meer
- die Regenwolke
- die Stadt und der Regen
- die Quelle
- der Bach
- der Teich
- Trinkwasser
- Wasserwerk
- Wasser kostet
- Wasserverbrauch
- Abwasser
- Wassersuche
- Grundwasser
- Unterwasserwelt

Julian knetet sich eine Muschelwolke aus Ton. Mit einem Nagel piekt er kleine Löcher hinein. Damit „fliegt" er durch die Kita. Auf Teppiche, Stühle, Wiesen und Felder „regnet" es herab.

Aufgabe: Wo kommt das Wasser her? Wo fließt es hin? Öffne ein „Fenster" im großen Wasserkreislauf. Überlege, mit welchen einfachen Mitteln du einen Ausschnitt aus dem Wasserkreislauf erlebbar machen kannst. Entwickle daraus ein Wasserprojekt.

EXPERIMENTE RUND UM DAS WASSER

Das Meer in die Kita holen

Als erstes tauchen wir mit dem kleinen Kugelfisch und dem Wal in eine phantastische Unterwasserweltgeschichte ein.

Der kleine Kugelfisch und der Wal passieren den letzten schwarzen Schlinger. Unwirsch liegt er im Sand. Er ist einer der Wächter in der Zone des Zwielichts. „Halt! Wohin kleiner Fisch?" sagt er barsch und versperrt den Weg. Er möchte den kleinen Kugelfisch nicht weiterschwimmen lassen. Sollte ihre Reise schon zu Ende sein, ehe sie richtig begonnen hat? Der Wal nimmt den schwarzen Schlinger zur Seite und redet beruhigend auf ihn ein. Der kleine Kugelfisch kann nicht verstehen, was die beiden da miteinander Geheimnisvolles tuscheln. „... ist mein Begleiter...", hört er nur und „...bleibt die Ausnahme...". Aber er kann sich keinen Reim darauf machen. Nach einer kurzen Bedenkzeit läßt der schwarze Schlinger die beiden Freunde weiterziehen.

Das Wasser ist wärmer geworden. Der kleine Kugelfisch hat es sich im Maul des Wales bequem gemacht. Felsen und Korallenriffe sind zu sehen. Es wimmelt nur so von kleinen und großen Fischen. Buntschillernde, zackig gestreifte, kleine Silberlinge, eingebildete und langweilige wechseln einander ab. Nicht einmal der Wal kennt alle ihre Namen. Die Abendsonne spielt mit ihren Farben und wirft Schatten in die Algen. Der kleine Kugelfisch kann sie nicht sehen. Er schaut und schaut. Darüber vergißt er schnell die Begegnung mit dem schwarzen Schlinger.

Der Boden fällt nach unten steil ab. Das Wasser schmeckt salziger. Das Licht ist diesig geworden. Kaum etwas ist zu sehen. Es ist, als ob die Sonne hier nur wenig zu sagen hat. Sie treffen rosarote Quallen und Seepferdchen. Noch nie hat der kleine Kugelfisch so lustig ausschauende Tiere gesehen. Als er eine Seekuh sieht, muß er sogar laut lachen. Auch der Wal ist belustigt. Die Freude seines Freundes steckt ihn an. „Hoho, wie wird das erst werden, wenn du die erste Meergurke siehst", lacht er albern und gluckst vor Freude.

Unterwasserwelt

Wir möchten uns selbst eine Unterwasserwelt schaffen. Als Einstieg dient ein Gespräch (Stuhlkreis). Gemeinsam mit den Kindern spinnen wir eine Unterwassergeschichte. Fragen, die einen Einstieg erleichtern, könnten sein: Wie leben Fische im Meer? Was fressen sie? Können sie unter Wasser sehen? Sprechen Fische miteinander? Haben Fische Feinde? Die Beschreibung mündet in Zeichnungen. Dann verkleiden wir Wände mit blauen Müllsäcken und bekleben sie mit selbstgemalten Fischen, Muscheln, Algen, Quallen, Tauchern usw. Ein andere Möglichkeit: Wir teilen mit Hilfe von Stellwänden eine Ecke im Gruppenraum ab und machen es uns dort auf Matrazen bequem. Gemeinsam tauchen wir in einem Mini-U-Boot in geheimnisvolle und gefährliche Unterwasserwelten ein. Ich bin mir sicher, daß wir bald Abenteuer mit Tauchern, U-Booten, Haifischen oder gesunkenen Schiffen zu bestehen haben werden. An den Stellwänden entstehen Bilder von unseren Abenteuern. Ein „Unterwasserraum" entsteht.

Materialien: Meeresmusik, ein Fischernetz, blaue (Müll)Folie, Farben, Pinsel, Meeresutensilien

Meereswellen

Um die Malerfolie auszubreiten, brauchen wir eine große Fläche (z. B. im Turnraum). Wir stellen uns im Kreis um die Folie, fassen sie an und breiten sie aus. Durch „Wind" entstehen kleine und große Wellen. Gieße etwas Wasser auf die Folie. Schon spritzt es. Wer darunter kriecht, kann beobachten, wie sich Tropfen und Rinnsale hin- und herbewegen. Mit etwas blauer oder grüner Lebensmittelfarbe sind die Bewegungen deutlicher zu sehen. Plötzlich schwimmt ein Fisch unter der Folie, und noch einer. Anschließend malen wir große Wellen mit Wasserfarben auf Papier. Die Folie dient dabei als Unterlage. Die Meereswellen können ein Anlaß sein, über Meer und Urlaubserinnerungen zu sprechen.

Materialien: feste Malerfolie, Glas Wasser, (Lebensmittel-) Farbe, (breite) Pinsel, Papierbögen bzw. -rolle, Meeresmusik

Regenwolke

Zur Vorbereitung spannen wir eine dicke Malerfolie quer durch den Raum und füllen sie mit etwas Wasser. Zuerst befühlen wir vorsichtig den „Bauch" der Wolke. Dann nehmen wir darunter Platz. Wie fühlt es sich an, unter soviel Wasser zu sitzen? Solange es trocken bleibt, können wir einmal ruhig über den Regen nachdenken. Wo kommen Wolken her? Wie kommt das Wasser in den Himmel? Wo fliegen Wolken hin? Wann „platzen" sie? Wo landen Regentropfen? Schmeckt Regen süß oder salzig? Wie können wir uns gegen Regen schützen? Lustig wird es, wenn wir z. B. Regenjacken anziehen oder Schirme unter der Wolke aufspannen. Am nächsten Tag ist das Wasser verdunstet. Wir schneiden Regentropfen aus und füllen damit die Wolke.

Materialien: feste Malerfolie, Schnur, Wasser in der Gießkanne, Scheren, Pinsel, Farben, Papier

Muschelbild

Für die Sommerferienzeit gibt es einen Urlaubsauftrag: Eltern und Kinder sammeln am Strand Muscheln, Steine, Seesterne, Prüll und bringen alles in die Kita mit. Die Kinder betrachten fasziniert die Fundsachen. Während wir unsere Urlaubserinnerungen austauschen, legen wir mit den Materialien Bilder. Es findet sich Fliesenkleber, den wir in einen Holzrahmen geben. Hier hinein drücken wir uns ein großes, gemeinsames Strandbild. Weil immer noch ein kleiner Berg von Muscheln übrig ist, beschließen wir, im Waschraum eine Muschelwand zu gestalten.

Materialien:

Meeresfunde, möglichst weißer Fliesenkleber, Holzrahmen mit Boden (bei größeren Werken Untergrund mit Kaninchendraht verstärken)

Algenbadefest

Zur Vorbereitung bauen wir ein großes Wasserbecken in einem wasserfesten Raum oder im Freien (Terrasse) auf. Im folgenden möchte ich einen Projektverlauf in einer altersgemischten Integrationsgruppe wiedergeben:

Nachdem sich alle Kinder ausgezogen haben, nehmen sie auf einem großen blauen Badetuch Platz. Psst! Es wird ganz leise um Stefan, dem Gruppenerzieher. Einer nach dem anderen steigt vorsichtig in das Becken.

Dann werden Algen ins Wasser gereicht. Schaut mal was passiert? Die Algen werden weich. Erste schrille Kommentare: „Oi", „ii", „ieh!" Sind es selige Schauer, Lustschreie oder Signale einer Grenzüberschreitung? Ausdruck für eine drohende Gefahr oder von Ekel?

Bei Stefanie ist es wohl Ekel. Sie steigt mit einem Bein wieder raus. Andere spritzen mit den Beinen, werfen sich Algen zu. Ugur ist wasserscheu. Stefan dekoriert die Kinder mit Algen. Es gibt einen König, eine Algenprinzessin, eine Wasserkönigin. Von irgendwoher schnappe ich den Satz auf: „Ich hab` das Meer gefangen!" Und tatsächlich, in einer Margarinedose schwimmt eine Alge. Es entwickelt sich ein Spiel daraus. Bald schwimmen Algen in diversen Schraubgläsern auf der Fensterbank. Ein gegenseitiges „Abseifen" mit Algen beginnt - Rücken, Haare, Beine. Und erst jetzt legt sich Güldiyar, die Mutigste von allen, der Länge nach in das wenige Zentimeter hohe „Meerwasser". Sie wird mit Algen zugedeckt. Bald wimmelt es nur so von Algenmonstern.

Stefan wird zum Riesenungeheuer, das Kinder fängt. Zwei drücken sich ängstlich in eine Ecke. Serhan, das Integrationskind, fängt an zu erzählen: „Ich habe im Wasser in der Türkei ein Monster gesehen!"

Mit „Meeresluft" und saunaähnlichen Temperaturen im Raum endet die Badeaktion. Alle waren sie im „Meerwasser", haben sich danach mit den bereitgelegten Badehandtüchern abgerubbelt. Einige sind etwas erschöpft. Aber alle sind glücklich - daß sie sich „ins Meer" hineingetraut haben.

Materialien: Wasserbecken und Schlauch, Algen aus dem Reformhaus oder Bioladen, Gefäße, Handtücher

Unser täglich Wasser gib uns heute

Der tägliche Wasserverbrauch im Haushalt

Der Wasserverbrauch im Hauhalt ist in den letzten Jahren kontinuierlich zurückgegangen. Dies hängt vor allem damit zusammen, daß in den Haushalten zunehmend wassersparende Armaturen eingebaut wurden. Gegenwärtig werden in einem bundesdeutschen Haushalt pro Nase - will heißen, im Alter von 0 bis über 100 Jahren - am Tag im Durchschnitt 128 Liter Trinkwasser verbraucht. Der tatsächliche Verbrauch ist von Stadt zu Stadt, von Haushalt zu Haushalt, von Person zu Person, von Berechnungsgrundlage zu Berechnungsgrundlage verschieden. Weil es sich mit 10-Liter-Eimern anschaulicher rechnet, hier eine Übersicht aus der Zeit, als durchschnittlich 150 Liter am Tag aus bundesdeutschen Wasserhähnen flossen.

Wasserverbrauch pro Haushalt/am Tag/pro Person

- • • • • *4 Eimer für Körperpflege*
- • • • • *4 Eimer für Toilettenspülung*
- • • *2 Eimer für Autowaschen/Gartensprengen*
- • • *2 Eimer für Wäschewaschen*
- • *1 Eimer für Putzen*
- • *1 Eimer für Geschirrspülen*
- • *1 Eimer für Kochen und Trinken*

• • • • • • • • • • • • • • •   *15 Eimer am Tag x 10 Liter = 150 Liter*

Mona sitzt unruhig im Büro bei Frau Schnefert. Frau Schnefert telefoniert und läßt sich die Zahlen der Wasserwerke durchgeben. „Und wieviel ist davon für Kinder zum Spielen?" fragt Mona, um dann trotzig mit stolz erhobenem Haupt durch die Türe zu verschwinden.

Wasser in der Kindertagesstätte

Frau Schneferts Anruf bei den Wasserwerken war unbefriedigend und erbrachte nichts Neues. Für Firmen, Haushalte und Kindertagesstätten galten dieselben Tarife. Das Abwasser war teurer als Trinkwasser. Eine Pauschale für das Gartensprengen gab es wohl für manche Haushalte, nicht aber für öffentliche Kindertagesstätten. Sie allesamt sprengten den Garten und mußten dafür auch noch Abwassergebühren bezahlen. Gedankenverloren schaut Frau Schnefert in den wolkenverhangenen Himmel. Ihr fällt ein, daß sie heute keinen Regenschirm eingesteckt hat. Ein schlechtes Omen? Bilder aus ihrer Kindheit kommen ihr in den Sinn: Bei Oma, die Pumpe im Garten. Der Tümpel mit den Kaulquappen ... Baden im Kanal mit ihren Eltern ... Die Straßen hatten noch Pfützen. Der Regen war noch Regen. Schön war es an der Ostsee gewesen. Sie durfte als Kind immer mit Wasser spielen. Kurz denkt sie an „ihre" Fernseh-Kinder aus den Hochhäusern. Wie anders doch Kinder heute groß werden?! Sie erinnert sich, daß demnächst in ihrer Einrichtung Wasserzähler eingebaut werden sollen. Ihre Amtsleiterin kommt ihr in den Sinn. Zu den steigenden Wasserkosten würde dem Amt wieder nichts anderes einfallen als „sparen". SPAREN. Die immergleiche leere Formel würde auch diesmal kein Geld in die leere Kasse bringen. Sparen würde einfach auf Wassersparen erweitert werden. Spielen im Waschraum war Zweckentfremdung. Wasserspiele - bitte nur im Sommer! ... Unfallquellen ... Und immer wieder der Schlachtruf: Es ist kein Geld da! In der amtlichen Zusammenfassung: woanders ja - aber nicht hier! Und sie, die Schnefert, war wieder der Querkopf. Doch sie war noch immer nicht bereit, die Fantasiearmut der Verwaltung zum Maßstab ihrer pädagogischen Arbeit zu machen. Brauchwasser - Regenwasser - Frau Schnefert nimmt sich vor, einen Bekannten zu fragen - Grundwasser - Grauwasser - sie wird sich im Umweltamt sachkundig machen ... Doch plötzlich taucht ein neues, niegedachtes Wort in ihrem Kopf auf: SPIELWASSER. Mona - Wasser - Spielen verdichtet sich, setzt sich fest zu einem neuen Wort: SPIELWASSER. Sie lächelt unwillkürlich. Mona, ihr kleiner Dickschädel ... Frau Schnefert wird sich klar, daß es heute noch ein kleines Drama geben würde. Sie nimmt sich vor, mit den Horterzieherinnen zu reden. Die sollen sich etwas zum Thema Wasser einfallen lassen. Und auf den Wasserverbrauch würde sie ihre besten Rechercheure ansetzen. Es wäre doch gelacht, wenn die Kinder nicht herausfinden würden, wo die Wasseradern hier im Haus verlaufen. Sie würde Wasser zum Thema der Teamsitzung machen. Ab sofort waren Lösungen gefragt. Warum nur sie - alle sollten sich ihre Gedanken zum Wasser machen. Zufrieden mit sich verläßt Frau Schnefert ihr Büro mit der festen Absicht, heute einmal Haus und Leute durch ihre „Wasserbrille" anzuschauen.

Unser täglich Wasser gib uns heute

Wasserreporter

Wir wollen herausfinden, wo Kinder Möglichkeiten haben, mit Wasser zu spielen. Dazu schauen wir uns ganz genau die Kindertagesstätte, den Garten und die Umgebung an. Wo gibt es Wasseranschlüsse? Wo verlaufen Zu- und Abwasserleitungen? Welche Geräte benötigen Wasser? An Ort und Stelle schreiben wir alles auf und zeichnen dann eine Wasserkarte.

Materialien: (großer Bogen) Papier, bunte Stifte, Kleber, Polaroid - oder Billigkamera

---

Julian hat zwei tropfende Wasserhähne entdeckt. Der eine läßt sich nicht mehr richtig schließen. Der andere wurde versehentlich nicht richtig zugemacht. Mit einem Meßbecher hat er eine Stunde lang alle Tropfen aufgefangen. Beim ersten Hahn waren es etwas mehr als 900 ml in der Stunde. Beim anderen etwas weniger als 400 ml in der Stunde. Zusammen tropfte mehr als ein ganzer Liter! Julian rechnet und rechnet. Ihm schwirrt der Kopf. Viel Wasser geht verloren ... x 24 Stunden/Tag ... x 7 Tage/Woche = ... Liter ... x 52 Wochen = ... Liter im Jahr = ... volle Badewannen.

Mona ist „abgetaucht" und verkriecht sich unter der Kellertreppe. Keiner darf mit ihr reden. Auch Julian nicht. „Laß mich e n d l i c h in Ruhe!" blafft sie ihn beim dritten Mal an. Später schleicht sie sich in die Krippengruppe. Dort gibt es auf einmal eine Riesenaufregung. Nicht nur, daß Wasser über den Klobeckenrand durch den ganzen Waschraum plätschert. Auch die Klospülung kann nicht mehr abgestellt werden. Alle rennen nach dem Hausmeister. Was war? Mona wollte den Kleinen „nur" zeigen, wie sie mit einer Rolle Klopapier das Klo verstopfen können. Dummerweise ist dabei das Rohr vom Drücker gerutscht. Drei Kleine wurden völlig durchnäßt ... Was für ein superblöder, rabenschwarzer Tag. Mißmutig stapft eine unglückliche Mona nach Hause.

Wasserverbrauch

Im Waschraum wird fleißig mit Zahnputzbechern, Meßbechern und Eimern hantiert. Es ist gar nicht so einfach, herauszufinden, wieviel Wasser zum Händewaschen und Zähneputzen gebraucht wird. Wieviel rauscht eigentlich durch die Klospülung? Die Vorschulgruppe beschließt, beim Gas-Wasser-Installateur nachzufragen, wieviel Liter durch den Druckspüler laufen. Und - wieviel paßt eigentlich in eine Badewanne?

Materialien: Meßbecher, Uhr mit Sekundenzeiger, Eimer mit Litermaßen

Wasserzauber

Das schwebende Ei

Wir füllen die Glasvase mit Wasser und legen vorsichtig das frische, ungekochte Ei auf den Grund. Mit dem Stock erzeugen wir einen Strudel. Das Ei beginnt zu schweben.

Materialien: längliche Glasvase, Stock oder Rührlöffel/Stil, frisches Ei, Wasser

Tanz im Wasserglas

Wir füllen ein Glas mit „Sprudel" und werfen einige ungekochte Reiskörner, Erbsen, Linsen oder Sojabohnen hinein. Dann schauen wir, was geschieht: Nach kurzer Zeit halten sich die kleinen Kohlensäurebläschen an den Körnern fest. Die beginnen, sich plötzlich zu bewegen. Sie „tanzen" an die Wasseroberfläche. Dort trennen sich einige Bläschen von den Körnern, zerplatzen - und schweben wieder zum Grund. Das Spiel beginnt von vorn ... Falls wir Sojabohnen oder eine ähnliche Hülsenfrucht verwenden, beobachten wir, wie sie sich verändern. „Tanzen" sie genauso lange wie ein Reiskorn?

Materialien: ein Wasserglas, ungekochte Reiskörner, Erbsen, Linsen, Sojabohnen, mit Kohlensäure versetztes Wasser

Blick-Knick

Wir füllen das Glas/den Weinballon/den Schlauch mit Wasser und halten verschiedene Gegenstände dahinter. Sie wirken verzerrt. Denselben Effekt erreichen wir, wenn wir verschiedene Gegenstände vorsichtig in das Wasserglas hineinstecken. Unter der Wasseroberfläche wirken sie nicht nur größer. Sie sind auch etwas seitlich versetzt.

Materialien: dickbauchiger transparenter Weinballon oder ein Wasserglas oder ein mindestens 30 cm breiter transparenter Schlauch, verschiedene Gegenstände wie Gabel und Löffel, Wasser

Zauberwürfel (für Kinder von ein bis drei Jahren)

Zur Vorbereitung füllen wir eine Eiskugelbeutelfolie mit Wasser und legen sie über Nacht ins Gefrierfach. Jedes Kind bekommt reihum die kleine Eiskugel in die Hand. Sie ist glatt und kalt. Umschließe sie dann fest mit deiner Faust, reibe sie mehrmals zwischen beiden Händen. Zauber, Zauber, Zauber... Weg!

Materialien: Gefrierfach, Eiskugelbeutelfolie, Trinkwasser

Zur Vorbereitung füllen wir Eiswürfelbehälter mit Wasser und geben in jeden Würfel etwas konzentrierte Lebensmittelfarbe dazu. Vor den Kindern füllen wir die Gläser mit Wasser. Noch ist das Wasser durchsichtig. Lasse in jedes Glas einen Zauberwürfel hineinlegen. Ein Glas bleibt zum Vergleich „pur natur". Zauber, Zauber, Zauber ... Nach einiger Zeit ist das Wasser rot, gelb, grün oder blau.

Materialien: Gefrierfach, Eiswürfelbehälter, Lebensmittelfarbe, mehrere große transparente Glasvasen oder Wassergläser, Trinkwasser

Zur Vorbereitung füllen wir wieder Eiswürfelbehälter mit Wasser, legen aber diesmal kleine Überraschungen hinein. Jedes Kind bekommt einen Überraschungswürfel auf seinen Teller. Ist eine Tiefkühltruhe vorhanden, lassen sich auch größere Überraschungen einfrieren. Dazu nehmen wir z. B. Gefrierbeutel, Buddelförmchen o. ä.

Materialien: Gefrierfach/Tiefkühltruhe, Eiswürfelbehälter/Gefrierbeutel, Überraschungen (wie Knöpfe, Kreppapier, kleine Steine, Kunststoffiguren), Trinkwasser

---

Am Morgen ist alles frisch verschneit. Mona und Julian haben etwas vor, und so darf Frau Schnefert gar nicht aus ihrem Büro heraus. Dann ist die Überraschung fertig: Mitten vor dem Eingang versperrt eine lustige Gestalt den Weg. Sie hat einen kahlen Kopf, Salatblattohren und eine Möhrennase. Als Knöpfe glänzen Oliven. Ein Taschentuch steckt in der Brusttasche seines weißen Anzugs - ein Schneemann.

Der Pfennigtrick

Wir füllen das Glas bis an den Rand mit Wasser und legen vorsichtig 1-Pfennig oder 2-Pfennig-Stücke hinein. Wieviele Pfennige können wir hineinlegen? Wie kommt es, daß das Glas nicht überläuft?

Materialien: Trinkglas, Ein- oder Zweipfennigstücke, Trinkwasser

Die schwimmende Stecknadel

Wir füllen das Glas bis zum Rand mit Wasser. Mit dem Fließpapier legen wir vorsichtig die Stecknadel flach auf die Oberfläche. Wenn sich das Papier vollgesogen hat und untergeht, schwimmt die Nadel weiter oben auf. Wie kommt das?

Materialien: Trinkglas oder transparente Schüssel, eine Stecknadel, ein Stück Fließpapier, Trinkwasser

Das Märchen von der Zauberangel

Es war einmal ein Fisch, der lebte in einem Teich. Das heißt, er lebte in dem Rest von einem Teich, der übrig geblieben war, nachdem viel Erde hineingeschüttet wurde. Außer dem Fisch lebte dort nur noch eine Alge. Beide waren miteinander befreundet. Der Fisch sprach die Alge mit „Wasserblume" an. Manchmal nannte er sie auch „Frau Wasserblume" oder „meine Frau Wasserblume". Das tat er meist dann, wenn er gute Laune hatte. Beide hatten vor langer Zeit, als es in dem Teich enger geworden war, eine gemeinsame Verabredung getroffen. Der Fisch durfte zwar an den Blättern der Alge knabbern, nicht jedoch an ihren Spitzen und auch nicht an ihren Wurzeln - schon gar nicht an ihren roten Blüten. Hätte sich der Fisch nicht an ihre Verabredung gehalten, Frau Wasserblume wäre vor Kummer gestorben. Und weil der Fisch im Teich keinen Kummer haben wollte, hatte er sich die ganze Zeit daran gehalten. Der Fisch hatte eigentlich keinen besonderen Namen. Er hieß „Fisch", eben weil es nur ihn und keinen zweiten gab. Doch manchmal sagte Frau Wasserblume auch zärtlich „Blauer" oder „mein Blauer" zu ihm. Das war immer dann, wenn seine Schuppen besonders schön blau leuchteten. Das schmeichelte dem Fisch. Deshalb schwamm er, wenn die Sonne schien, besonders gerne im Licht. Ach ja, fast hätte ich vergessen, es gab noch einen dritten Bewohner! Ein gar seltsames Geschöpf bewohnte eine kleine Höhle an der tiefsten Stelle des Teiches. Sein Name war „Dennis". Dennis war ein Unterwasserdrache. Er war ein ganz seltenes Exemplar, der vom Aussterben bedrohten Schmetterlingsunterwasserdrachen. Dennis lebte zurückgezogen. Er hatte meist nicht viel zu tun, denn er achtete darauf, daß im Teich alles seine Ordnung hatte und im Gleichgewicht blieb. Wenn etwas nichts stimmte, schickte er seine Blitze. Das letzte Mal, daß das notwendig war, lag allerdings schon lange zurück.

Schmetterlingsunterwasserdrache *von Jakomo*

Weder der Fisch noch Frau Wasserblume konnten sich so recht daran erinnern. Das Besondere an Dennis war, daß er immer wenn Vollmond war, selbstvergessen auf der Teichoberfläche tanzte. Dann sah er ein wenig aus wie ein Schmetterling. Und jetzt wißt ihr, was Schmetterlingsunterwasserdrachen von den einfachen Unterwasserdrachen unterscheidet.

Eines Tages passierte etwas Ungewöhnliches. Es sollte das Leben im Teich völlig verändern. Es begann mit einem heftigen Platsch. Als sich die Wellen beruhigt hatten, schaute der Fisch vorsichtig nach, was geschehen war. Er fand ein merkwürdig verschrumpeltes und verknittertes Etwas. Zur Hälfte war es im Schlamm versunken. Aus einer Öffnung floß eine merkwürdige braune Soße heraus. Noch ehe der Fisch dieses seltsame Ding richtig in Augenschein nehmen konnte, platschte es erneut. Diesesmal war etwas weiches Braunes in den Teich geplumpst. Der Fisch bekam es mit der Angst, denn nun platschte es in einem fort. So schnell er nur konnte, floh er und versteckte sich in der Höhle von Dennis. Als das Platschen ein Ende hatte und sich die Schlammwolken langsam gelegt hatten, wurde der Fisch neugierig. Er schwamm los und versuchte schließlich mit den eigentümlichen neuen Bewohnern ins Gespräch zu kommen. Doch die Gäste hatten nichts zu berichten. Ja - sie waren anscheinend stumm. Ein Stück Holz mit Borsten, eine zerknitterte runde Höhle, in der er sich verstecken konnte... Die ulkigsten Dinge waren im Teich gelandet. Vor allem das gelbblaue Ding mit den zwei Zacken hatte es in sich. Nicht nur, daß es unnahbar war. Ein gefährliche Wasserwolke ging von ihm aus. Sie trübte das Wasser und machte vor allem Dennis schwer zu schaffen. Der Schmetterlingsunterwasserdrache wurde krank und kränker. Schließlich konnte er keine Blitze mehr schicken. Auch für Frau Wasserblume war das Leben sehr ungemütlich geworden. Sie klagte ständig über Unwohlsein. Und was sie völlig verstimmte war, daß diese neuen Bewohner auf sie überhaupt keine Rücksicht nehmen wollten. Längst schon war das Blau des blauen Fisches nicht mehr zu sehen. Und so beschloß eines Tages Frau Wasserblume, ihren Platz in der Mitte des Teiches zu verlassen. Erst wollte sie an Land gehen. Doch der Fisch konnte sie noch einmal umstimmen. Weil es ihnen im Teich zu unheimlich geworden war, zogen sie beide in die Höhle des Unterwasserdrachens ein. Der war immer seltsamer geworden. Völlig matt und erschöpft lag er in seiner Höhle, murmelte unverständliches Zeug und klagte über Reizhusten. Die Farbe des Teichwassers war inzwischen sehr dunkel, ja düster geworden. Und weil die immer schwächer werdenden Blitze des Unterwasserdrachens nichts mehr bewirkten konnten, war der Teich völlig aus dem Gleichgewicht geraten. Tja hier ist das Märchen eigentlich zu Ende. Alle drei wären eines Tages gestorben, wenn, ja wenn nicht - wie von Geisterhand - alle diese fremden Sachen aus dem Teich verschwunden wären. Der Fisch der alles genau beobachtete, erkannte in dem trüben Licht jene gefährlichen Fäden wieder, die einst Angler in den Teich geworfen hatten. Damals hatten sie von seinen Freunden einen nach dem anderen herausgefischt. Nur er war schließlich noch übrig geblieben. Doch diese

Angel wirkte seltsamerweise nicht bei Fischen. War es eine Zauberangel, mit deren Hilfe Max-Peter, Laura, Sara, Nick, Robin und Lisa die merkwürdigsten Dinge aus dem Wasser zogen? Schließlich häuften sich am Ufer eine Klopapierrolle, eine Dose, die einmal einen roten Streifen gehabt haben mochte, ein Schrubber, eine Plastikmilchtüte. Ja sogar eine Batterie fand den Weg aus dem Teich. Und weil der Papierkorb, der immer am Ufer gestanden hatte, längst verschwunden war, nahmen die Kinder die Sachen mit nach Hause. Frau Wasserblume seufzte tief, als ihr der Fisch berichtete, daß die merkwürdigen Gäste allesamt verschwunden waren.

... Und wenn die Alge, der Fisch und Dennis, der Schmetterlingsunterwasserdrache nicht gestorben sind, dann gibt es den Teich noch heute. Vielleicht ganz bei euch in der Nähe?

Aufgabe: Erzählt die Geschichte von der Zauberangel zu Ende. Wie es den drei Teichbewohnern wohl ergangen ist, nachdem die merkwürdigen Gäste allesamt verschwunden waren?

Wer Lust hat, eine Zauberangel zu bauen, dem sei hier die Bauanleitung verraten:

Die Zauberangel

(Bambus-)Stock
Messing oder Alurohr, ca. 10 cm lang (im Durchmesser passend zum Bambusstock) Gliederkette, ca. 30 cm bis 70 cm
zwei Sprengringe
magnetischer Badestopfen oder starker Magnet

Teich

blauer Müllsack
verschiedene Altstoffe (wie Plastikbehälter, (Farb-)Dosen, Zeitungen, Schrottteile) Eisenschrauben und/oder Unterlegscheiben
Klebepistole, Schnur, Tesaband

Bauanleitung

Das Rohr an einem Ende zusammenquetschen und durchbohren. Stock schmirgeln und in das Rohr einpassen. An den Enden der Kette beide Ringe anbringen und mit Badestopfen und Stock verbinden. Die Altstoffe mit Schrauben und Unterlegscheiben verbinden.

Das ganze ergibt ein Müllangelspiel.

Bei einem größeren Teich mit mehreren Angeln, können die Altstoffe nach dem Herausangeln auch sortiert werden.
Dazu bedarf es noch entsprechender Kisten und Schilder.

Zum Beispiel:
Papier/Pappe, Sondermüll, Kunststoffe, Alteisen, Glas

Wasserfarben - Wasser färben

Wasser kann Farben aufnehmen und abgeben. Und manchmal können wir mit etwas Glück einen Regenbogen entdecken.

Rote, grüne, blaue Wirbel

Wir füllen das Glas mit kaltem Wasser. Abwechselnd lassen wir langsam oder in schneller Folge einen Tropfen Blau, Gelb oder Rot hineintropfen. Schau, wie die Farbe sich kringelt und durcheinanderwirbelt! Als ob eine bunte Qualle mit ihren Fangarmen durch das Wasser schwebt?! Wenn die Farben sich vermischt haben, nehmen wir noch einmal frisches Wasser und probieren es noch einmal.

Materialien:
Trinkglas oder transparente Schüssel, wasserlösliche Farbe (wie Tinte, Lebensmittelfarben, Tuschkasten), Pipette, Teelöffel oder Pinsel

Bunte Beutel (für Kinder ab 2 Jahren)

Zur Vorbereitung verdünnen wir die konzentrierte Lebensmittelfarbe in einer Plastikflasche mit etwas Wasser, schneiden kurze Schnurstücke und knoten damit eine Zuziehschlaufe. Du hältst den Beutel auf und läßt das Kind mit der Gießkanne Wasser einfüllen. Das Kind hält nun selbst den Beutel. Weil du selbst besser dosieren kannst, gieße die gewünschte Farbe in den Beutel. Beobachtet, wie sich die Farbe langsam verteilt. Zuknoten. Schnur um den Knoten legen und zuziehen.
Auch Farbmischungen sind möglich. Zum Beispiel: Wird rot mit blau gemischt, ensteht „Cola". Die bunten Beutel können überall aufgehängt werden. Variante: Wasserbeutel zusätzlich mit Blätter, Gräser, Sand u. ä. füllen.

Materialien:
Gefrierbeutel, Schnur, Schere, Lebensmittelfarben (in den Grundfarben rot, gelb, blau, grün), mehrere transparente Plastikflaschen, Gießkanne, Schnur, Schere

Mit Wasser malen

Zur Vorbereitung spannen wir eine Papierbahn auf einen Reifen oder über einen Rahmen. Wir nehmen den Pinsel, malen nur mit Wasser und beobachten, wie die Pinselstriche ins Papier eingehen. Was passiert, wenn das Wasser trocknet?

Materialien: Staffelei, Packpapier, Schnur, Schere, breiter Pinsel, Wasser

Regenbogenfarben

Wir füllen ein Schnapsglas bis 4 cl mit Wasser, stellen es auf die Taschenlampe und gehen damit vorsichtig in einen Raum, der sich verdunkeln läßt. Hier knipsen wir das Licht aus und die Taschenlampe an. Mit etwas Glück können wir an der Wand einen umgekehrten Regenbogen erzeugen. Wenn wir ein mit Wasser gefülltes Trinkglas auf die brennende Taschenlampe stellen, können wir mit unterschiedlichen Bewegungen an der Decke Wellen und verschiedene Lichteffekte erzeugen.

Materialien:
verdunkelbarer Raum, Taschenlampe, Schnapsglas, Trinkglas, Wasser

Farben selbst herstellen

Wir sammeln verschiedene Sachen, von denen wir glauben, daß wir aus ihnen eine Farbe herstellen können, z.B. verschiedene Gemüse, Beeren, Sand, Rinde, Erde, Kaffeereste. Nun versuchen wir, in unserem kleinen Labor auf verschiedene Art und Weise (z. B. durch Reiben, Schneiden, Filtern, Drücken) Farben zu erzeugen. Danach malen wir damit ein Bild oder bemalen ein Paar getrocknete Blätter (z. B. ein Ahornblatt). Farbquellen können sein: Gemüse, wie Rote Beete, Rotkohl, Avocadoschalen, Karotten, Zwiebeln, Blumen (z.B. eine Butterblume), Erdbrocken (z.B. Lehm oder Sandboden in Wasser auflösen und filtern).

Materialien:
Arbeitstisch, Raspel, Mörser, Messer, Blumenuntersetzer, Gläser, Kaffeefilter, Filtertüten, Papier, Pinsel, Wasser

Horch - es tropft (für 4-5jährige Kinder)

Wir sitzen im Kreis. Es geht um die Frage: Können wir den Wassertropfen riechen? Und weil einige nicht sicher sind, halte ich ihnen allen abwechselnd die Pipette unter die Nase. Also nein! Der Tropfen riecht nicht. Nächste Frage: Kannst du den Wassertropfen sehen? Was für eine Frage. Aber natürlich. „Ja!" Wie sieht er aus? „Weiß!" Ist ein Tropfen wirklich weiß? Nein. Abwechselnd schauen wir durch die Pipette hindurch. „Ich sehe... ich sehe den Fernsehturm ganz schmal!"
Wie ist denn der Tropfen, wenn du durchschauen kannst? „Durchsichtig!" Aha - er ist also durchsichtig. Wir können ihn sehen. Wir können durch ihn schauen. Er riecht nicht. Können wir den Wassertropfen hören? „Nein", ist die Antwort. Ich halte die Pipette an ein Kinderohr. Kannst du ihn jetzt hören? „Ohrentropfen", ist die überraschende Antwort. Kannst du Ohrentropfen hören? „Nicht so richtig". Laß uns mal überlegen, wie man einen Wassertropfen laut werden lassen kann.
In die Stille hinein lasse ich ihn auf eine Blechdose tropfen. „Plong!" (Stille) Habt ihr gehört? (Kopfnicken) „Auf die Plastikdecke tropfen lassen!" Also tropft er auf eine blaue Mülltüte. „Plepp!" „Ich kann ihn hören." (Stille) „Laß ihn auf den Teppich." (Stille) Ich tropfe auf den Teppich. Nichts ist zu hören. „Er ist leise." Und schon sind wir mitten im schönsten Experimentieren und suchen mit Feuereifer alle möglichen Materialien zusammen und hören dem Wassertropfen zu. Was sagt er?

Materialien: Pipette, eine Blechdose und weitere Fundsachen, wie Papier, Karton, Teller usw., etwas Wasser

Wassergeräusche

Nachdem wir verschiedene Zufallsgeräusche gehört haben, kommen wir auf die Idee, mit etwas mehr Wasser Geräusche zu erzeugen. Jeder sucht sich etwas, was ihm dafür geeignet erscheint. Erst probieren wir alleine, um dann das Geräusch der Gruppe vorzustellen. Schließlich versuchen wir gemeinsam und abwechselnd ein Wassergeräuschestück zu spielen: Tropf - blubber - rausch - grrrh - glucks - plätscher - tropftropftropf - blubber - plong ...

Materialien: Schüssel mit Wasser, dazu Fundsachen, z.B. Flasche, Trinkglas, Gabel, Schlauchstück, Wassertropf (aus Apotheke/Krankenhaus)

Julian möchte unbedingt ein Schneetreiben in seinem Schraubglas erzeugen. Er hat versucht, aus Papier Schneeschnipsel zu schneiden. Er hat Plastiktüten ganz klein geschnitten. Jetzt raspelt er gerade an einem weißen Plastikspielbaustein.

Wasserflaschenorgel (für Kinder ab 2 Jahren)

Wir füllen Glasflaschen in unterschiedlicher Höhe mit Wasser. Mit einer Gabel oder einen Holzstab lassen sich Töne erzeugen. Kannst du zwei gleiche Töne erzeugen? Mit einem Trichter lassen sich die Flaschen umgießen. Versuche, ein Lied zu spielen. Mit 8 Glasflaschen versuchen wir schließlich, eine Wassertonleiter herzustellen. Aber das dauert und entspringt eher dem Ehrgeiz von Erwachsenen. Schließlich befestigen wir an jeder Flasche eine Schnur und hängen sie an eine Stange. Fertig ist die Wasserflaschenorgel.

Materialien: mehrere Glasflaschen, Schlauchklemmen, Schnur, Holzstab oder Gabel, Trichter

Es klingt auch mit Weingläsern.

Schwimmt/schwimmt nicht? (für alle Altersgruppen)

Wir füllen ein kleines Aquarium mit Wasser. Dann tragen wir verschiedene Sachen zusammen, von denen wir meinen, daß sie schwimmen oder nicht schwimmen. Sachen, von denen wir meinen daß sie nicht schwimmen, legen wir links vom Aquarium ab. Die Sachen, von denen wir glauben, daß sie schwimmen, kommen auf die rechte Seite. Jetzt probiert jeder aus, ob das auch wirklich so ist, wie er gedacht hat. Achtung: Es gibt auch Dinge, die schwimmen und nicht schwimmen. Diese Sachen legen wir vor das Aquarium. Wir haben Glück, denn wir haben auch einen Topfkratzer aus Plastik gefunden, der weder sinkt noch an die Wasseroberfläche treibt. Er bleibt immer auf derselben Höhe - und schwebt. Frage: Wie kommt es, daß einige Sachen schwimmen, andere nicht schwimmen und wieder andere schweben? Und natürlich gibt es ganz gemeine Sachen, von denen jeder denkt: Das schwimmt! Aber weit gefehlt. Gemeine Sachen gehen gemeinerweise unter!

Im folgenden möchte ich beispielhaft den Verlauf eines Experimentes mit Hortkindern wiedergeben. Ausgangspunkt war die...

> *Frage:* *Wie kommt es, daß ein Tischtennisball, wenn er unter Wasser gedrückt wird, wieder nach oben kommt?*
> *Antwort:* *Die Luft da drin macht das.*
> *Frage:* *Wie könntet ihr herausfinden, daß die Luft der Grund ist?*
> *Antwort:* *Den Ball aufschneiden!*

Wir halbieren also den Ball mit dem Messer und bringen die Hälften auf unterschiedliche Weise ins Wasser.

> *Frage:* *Wie kommt es, daß der halbe Ball sinkt oder schwimmt?*
> *Antwort:* *Kann die Luft entweichen, sinkt der Ball.*
> *Frage:* *Aber - in dem halben Ball, der schwimmt, ist keine Luft eingesperrt. Trotzdem schwimmt er. Wie kommt es dazu?*
> *Vermutung 1: Hängt mit dem Gewicht zusammen.*
> *Vermutung 2: Hängt mit der Form zusammen.*
> *Ich frage:* *Habt ihr eine Idee, wie wir herausfinden könnten, ob eure Vermutungen stimmen?*

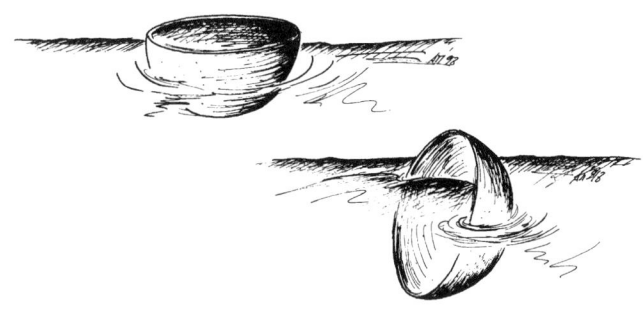

Idee zu 1 (Gewicht): Noch einen Stein reinladen?!
Wir probieren unterschiedliche Steine. Ergebnis: Mit einem kleinem Stein schwimmt der halbe Tischtennisball weiter. Ein schwerer Stein läßt ihn versinken.

Idee zu 2 (Form): Ein Loch reinbohren?! Dann geht er unter.
Wir bohren ein größeres Loch rein bzw. schneiden ein Stück mit der Schere heraus. Ergebnis: Der halbe Ball sinkt, „gluckert ab".

Ich frage: Wir könnten es mit einem anderen Material versuchen?
Ich verteile Knetestücke und stelle die Aufgabe: Gib die Knete als feste Kugel ins Wasser. Das Ergebnis: Die feste Kugel sinkt.

Frage: Gibt es eine Form, die Knete schwimmen läßt?
Wir versuchen, eine Form zu kneten, die schwimmt. Ein Junge knetet ein Kanu. Es sinkt. Zwei Mädchen kneten jeweils eine Halbkugel und setzen sie vorsichtig ins Wasser. Diese schwimmen.

Bau einer Segelboje (für Kinder ab 6 Jahren)

Baue eine Segelboje und lasse sie im Experimentierbecken oder in einer Schüssel schwimmen. Probiere nach jedem Arbeitsschritt aus, wie sie schwimmt.

1. Schritt: Lasse den Korken schwimmen.

2. Schritt: Drehe an einem Ende des Korkens die Messingschraube rein. Was passiert, wenn du eine oder mehrere Unterlegscheiben anbringst?

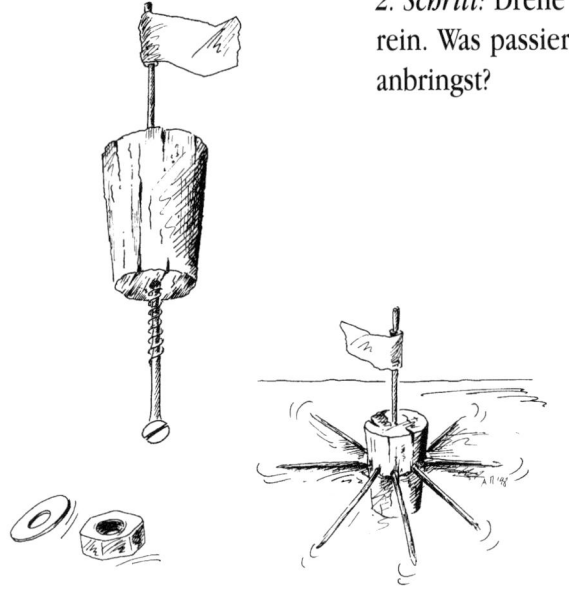

3. Schritt: Stecke am anderen Ende des Korkens den halbierten Schaschlikspieß hinein und setze das Alu-Segel.

4. Schritt: Bringe Zahnstocher von den Seiten an. Wieviele brauchst du? Wo müssen sie angebracht werden, damit die Segelboje ihr Gleichgewicht halten kann?

Jetzt ist die Segelboje fertig. Du kannst durch Pusten einen Sturm erzeugen. Sie kentert nicht.

Wir könnten auch ein Wettsegeln veranstalten. Welche Segelboje ist als erstes am anderen Ufer?

Materialien: (Sekt-)Korken, Schaschlikspieß, etwas Alufolie, mehrere Zahnstocher, Messingschraube (was passiert, wenn du statt dessen eine Eisenschraube nimmst?)
Werkzeug: Messer, Drillbohrer, Schraubenzieher

Wenn du Spaß hast am Experimentieren - weitere Experimente findest du in speziellen Experimentierbüchern im Kapitel „Quellen", S. 93.

Das Auge trinkt

Vorbereitung: Bitte zwei Personen, die dieses Experiment noch nicht kennen, den Raum zu verlassen. Stelle vier mit Wasser gefüllte Gläser nebeneinander auf den Tisch. Gebe in jeden Becher einige Tropfen Lebensmittelfarbe ... rot, blau, grün, gelb ... und rühre um. (Wenn du ganz wenig rot zu gelb tropfst, erhältst du noch einen weiteren Farbton: orange.)

Bitte nun die erste Testperson herein. Lasse sie beschreiben, wie jedes einzelne Getränk schmeckt. Schmeckt das rote Getränk vielleicht süß? Salzig? Säuerlich? Bitter? Vielleicht nach Orange? Woran erinnert die Farbe? Vielleicht an Himbeer, Waldmeister oder Badewasser? Welches Getränk sieht appetitlich aus? Welche Farbe erregt den Widerwillen der Testperson, und sie möchte es nicht trinken?

Lasse jetzt deine Testperson am Glas nippen. Wie schmeckt es? Süß, salzig, säuerlich, bitter, vielleicht nach Orange?

(Bei diesem Experiment kannst du erkennen, wie sehr du mit dem Auge und nicht mit der Zunge trinkst. Die Werbung nutzt das gerne aus.)

Materialien: Vier oder fünf Gläser, verschiedene Lebensmittelfarben (gibt es in der Lebensmittelabteilung eines Kaufhauses oder in der Apotheke), ein Löffel zum Verrühren

Wasserfallmaschinen und andere Erfindungen

Schauen wir in eine kleine Erfinderwerkstatt.

Jungerfinder Karl (6 Jahre) hatte mir seine Zeichnung ganz sicher zugesagt! Er wollte den Wasserverbrauchsmelder über´s Wochenende „nur noch eben schnell" zu Ende zeichnen... In diesen Tagen liegen in unserer kleinen Erfinderwerkstatt Erfindungen nur so „in der Luft". Zum Beispiel wäre da die Wasserfallmaschine zu nennen. Aber auch der Wasser-Verbrauchs-Melder oder die Wellenmaschine. Auch der Badewasser-Klo-Abfluß oder der Regenwassernutzkanal sind schon lange fällig. Eigentlich müßten längst schon jede Menge Geräte auf dem Kindergarten-Markt sein, mit denen spielend Grundwasser gefördert wird.

Beispiel: Eine Wippe im Garten kennt jeder. Langweilig. Doch ist die Wippe mit einer Pumpe verbunden, wird ganz nebenbei wie von Zauberhand Grundwasser aus dem Boden befördert. Das wäre natürlich eine feine Sache. Sauberes Trinkwasser würde gespart und stände für Wasserspiele und andere wichtige Experimente zur Verfügung. Es bräuchte kein teures Trinkwasser mehr zum Gießen verwendet werden. Durch Bewässerungskanäle würde das Grundwasser von alleine an die richtigen Stellen fließen. Wipp-wipp-wipp ... zu dem durstigen Baum ... wipp-wipp-wipp ... zum Erdbeerbeet. Zwischendurch die eine oder andere Schleuse umstecken. Wipp-wipp-wipp ... spielend übernehmen Kinder Verantwortung für die Wasserversorgung von Bäumen und Pflanzen.

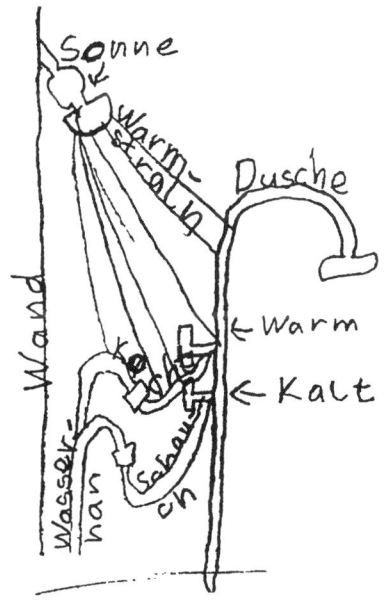

Zugegeben - Kinder haben ganz einfach Phantasie und die tollsten Ideen. Deshalb steht die kleine Erfinderwerkstatt vor allem Kindern offen. Sie dürfen hier nach Herzenslust experimentieren, eigene Theorien entwickeln und noch so skurrile Dinge erfinden.

Doch auch die schönsten Erfindungen lösen sich in Luft auf, wenn sie benannt und damit bekannt werden. Deshalb wirken Erfinder lieber im Stillen und an unterschiedlichen Orten. Ach ja! Sie haben von unserer Sonnendusche gehört? Das war so: Es war einmal ein Tag, der war sehr heiß. Und weil es so heiß war, kam Dennis und Paul die Idee mit der Sonnendusche. Ich fragte die beiden:

Wie geht das - Sonnenduschen?
Dennis: *Die Sonne runternehmen und einfach duschen.*
Wie soll man das machen?
Dennis: *Hundert Meter zum Himmel hochgehen und die Sonne runterholen.*
Und nach dem Duschen?
Dennis: *Die Sonne einfach wieder hochmachen.*
Wie fühlst du dich danach?
Dennis: *Heiß und verbrannt!*
Paul: *Ich habe auch mal eine gesehen. Aber ich weiß nicht, wie man das macht. Ich glaube, die ist aus Plastik.*
Wie sah sie aus?
Dennis: *Man muß 'ne Mark reinstecken und einen Knopf drücken. Ist nicht so einfach zu bauen. Man muß lange buddeln.*
Wieso?
Dennis: *Damit man sie in den Boden reinstecken kann.*
Paul: *Dann kommt ein Schlauch dran.*
Was kommt durch den Schlauch?
Dennis: *Kaltes Wasser.*
Wie kommt das mit der Sonne zusammen?
Paul: *Die Sonne ist ganz heiß oben. Und dann muß man ein bißchen warten, bis es warm wird.*

Eigentlich müßte es heute in jeder Kindertagesstätte eine Sonnendusche geben. Doch aus Geldmangel wartet unsere Erfinderdusche noch immer auf den Solaranschluß. Es dauert eben manchmal Jahre mit Erfindungen.

Der Wasser-Verbrauchs-Melder

Dringend bräuchten wir auch Ingenieure, die das eine oder andere durchrechnen. Kosten, Statik, Durchfluß, Marketing und wie das alles heißt. Und die natürlich auch Jungerfinder beraten. Ein Ingenieurpädagoge für unsere kleine Erfinderwerkstatt, das wäre 'ne prima Sache. Denn was nutzt die beste Idee, wenn sie Rechenfehler enthält oder sich nicht rechnet? Wobei wir beim Wasser-Verbrauchs-Melder wären. Das war Jungerfinder Karls Idee. Vorausgegangen sind ausgiebige Versuche mit der Wasseruhr. Wasserkraftwerke gibt es längst. Aber welches Gerät sagt einem heutzutage, wieviel Wasser verbraucht wird? Jungerfinder Karl hat sich dazu Gedanken gemacht. Mit einem kleinen sichtbaren Wasser-Verbrauchs-Rad möchte er eine Regenbogenampel betreiben. Wenn diese zum Beispiel rot zeigt, ist der Wasser-Verbrauch zu groß. Dann schaltet sich der Wasserzufluß automatisch ab. Das hat den Vorteil, daß man zu jedem Zeitpunkt seine Wasserrechnung bezahlen kann. Auch die kleinsten Kinder wüßten beim Händewaschen und Zähneputzen sofort Bescheid, wieviel Wasser sie zur Verfügung haben. Nur nebenbei bemerkt: Ein Wasser-Verbrauchs-Melder würde in einem Kindergarten die ständigen Meckereien und Ermahnungen der Erzieherinnen ersparen! Trotz steigender Wasserpreise hätten Kindertagesstätten auch noch ab September Wasser und die Kinder würden dann nicht auf dem Trockenen sitzen. Der Karl hat sich was dabei gedacht!

Die Wasser-Uhr

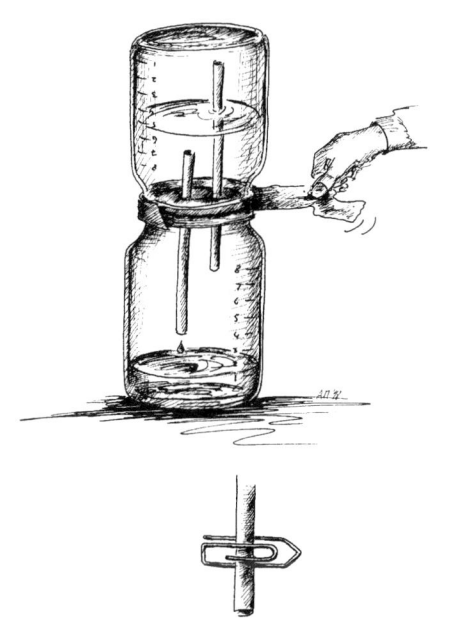

Bauanleitung:
1. Die beiden Deckel der Schraubgläser mit dem Klebeband zusammenkleben
2. Mit Hammer und Nagel durch die Deckel zwei Löcher schlagen
3. Trinkhalme durchführen und mit Kaugummis abdichten
4. Trinkhalme auf Länge schneiden
5. Ein Schraubglas mit Wasser füllen, Deckel schließen und auf den Kopf stellen
6. Durchflußzeit messen und Markierungsstriche anbringen
7. Mit den Büroklammern kann der Durchfluß durch die Trinkhalme verringert werden

Materialien: zwei gleiche Schraubgläser, mehrere Kaugummis, zwei Trinkhalme, 1 - 2 Büroklammern, Klebeband, Wasser
Werkzeug: Hammer, dicker Nagel, Schere, wasserfester Stift

Wahrscheinlich haben Kinder so oder so die besten Erfinderideen. Nur - leider haben sie nicht die Verbindungen die es auch braucht, um eine Erfindung Wirklichkeit werden zu lassen. Vielleicht sollte ich einfach mal bei den Leuten der Daimler-Benz AG für eine Wasser-Erfinderwerkstatt anfragen? Die Zahl der Patentanmeldungen geht ja ständig zurück. Vielleicht bräuchten die dringend mal wieder eine zündende Erfindung für das nächste Jahrhundert? Die Jungerfinder für eine solche Werkstatt, die hätten Helmut und ich schnell zusammen. Da wäre zum Beispiel der Karl ... Vielleicht ist sein Wasserverbrauchsmelder bereits fix und fertig und längst verkauft?

DAS WASSER SIEHT NICHT MEHR WEIß AUS

Trinkwasser sollte kühl, klar und farblos sein und angenehm schmecken. Doch Wasser ist nicht gleich Wasser. Es gibt auch Abwasser, Kloake, Grundwasser, Regenwasser, Salzwasser, destilliertes Wasser, Flußwasser, Pfützenwasser. Nicht jedes Wasser können wir trinken. Zuerst untersuchen wir in diesem Kapitel die Qualität von Wasser.

Wasser-Reporter-Team (Lebensgewohnheiten)

Heute sind wir Reporter und versuchen, etwas über die Lebensgewohnheiten unserer Mitmenschen in Erfahrung zu bringen. Zur Vorbereitung notieren wir uns ein paar Fragen. Bevor wir Passanten auf der Straße befragen, ziehen wir durch die Kita und machen ein Probeinterview.

Materialien: Papier und Stift, Kassettengerät mit Aufnahme, leere MC

Und so könnte es beginnen:
Reporter: Wir sind von der Umweltgruppe. Dürfen wir Ihnen mal ´ne Frage stellen? Trinken Sie Wasser?

Geschmacksprobe (Trinkwasser)

Geschmäcker sind verschieden. Um herauszufinden, wer Geschmack hat, machen wir eine Geschmacksprobe. Dazu besorgen wir uns in der Kaufhalle Flaschen mit verschiedenen Wasserinhalten. Und weil wir den Inhalt mit dem Preis vergleichen möchten, schreiben wir diesen auf das Etikett.
Wir besorgen uns Krüge, füllen sie mit Leitungswasser nebst Zusätzen wie Zucker oder Salz. Jetzt bauen wir alles auf einem Tisch auf

und gießen verschiedene Gläser voll. Wir brauchen eine freiwillige Testperson mit „Geschmack".
a) Augen verbinden, probieren lassen. Aus welcher Flasche, welchem Krug kommt die Probe?
b) Was schmeckt am besten? Die Testperson bildet eine Reihenfolge nach ihrem Geschmack. Wir vergleichen, was am besten schmeckt mit der Qualität und dem Preis.

Materialien: Krüge, Gläser, Papier, Stift, verschiedene trinkbare Wassersorten, wie Leitungswasser (pur oder mit Zucker/Salz/Zitrone), gekochtes und destilliertes Wasser (Apotheke), Mineralwasser, Sprudelwasser (mit und ohne Fruchtzusatz)

Wasser kostet ...

Auch wenn es einfach nur aus dem Hahn fließt: Jedes Wasser hat einen Preis. Wir kaufen verschiedene Wassersorten und notieren uns den Preis. In der Kita vergleichen wir Geschmack, Preis und Füllmenge. Wie teuer wäre es, wenn wir jeden Tag Flaschen-Wasser trinken oder darin baden würden? Dann rufen wir bei den Wasserwerken an und fragen nach, was ein Liter Trinkwasser bzw. Abwasser kostet. (Wer einen Liter Wasser aus der Leitung trinkt, zahlt nicht nur das Trinkwasser, sondern in aller Regel auch einen Liter Abwasser)

Materialien: verschiedene Trink- und Heilwasser, Sprudel

Wassergläserwand (Abwasser)

Wasser verschwindet auf Nimmerwiedersehen. Nur schwer können wir beobachten, was mit den Stoffen geschieht, die das Wasser dorthin mitnimmt.
Um herauszufinden, was im Abwasser geschieht, füllen wir verschließbare Gläser mit Leitungswasser und geben in jedes Glas einen anderen Stoff hinein. Dann verschließen wir sie und beobachten über eine längere Zeit, was passiert. Genauestens notieren wir alle Veränderungen (z. B. Farbe, Form, Bewegung).

Frage: Wie kommt es zu den Veränderungen? Wir denken uns dafür Erklärungen aus. Achtung beim Wiederöffnen: Manche Sachen stinken nach längerer Zeit!

Materialien: verschließbare Gläser (mit Schraubverschlüssen, Weckgläser), Lebensmittel, z. B. ein Apfel, eine Kastanie, Erbsen, eine Kartoffel, Schnittkäse, ein rohes Ei, Nüsse, Teeblätter, Milch, außerdem Kunststoffspielzeug, Löffel, Seife, Spielzeugauto, Gummibärchen, ein Stück Eisen, Klopapier, Foto, ein farbiger Tuschblock und vieles mehr.

Aufgabe: Notiere Veränderungen von Farbe, Form, Bewegung, Geruch.

	1. Tag	2. Tag	3. Tag	2. Woche	3. Woche
Käse					
Farbblock					

Hinweis: Das Projekt kann auch mit kleineren Kindern durchgeführt werden. Damit kein Glasschaden entsteht, bringen wir vor den Gläsern eine Glas- oder Plexiglasscheibe an.

Wasserdetektiv (Fundwasser)

Wir ziehen los und nehmen in Schraubgläsern Wasserproben von unterschiedlichen Wasserorten. Damit wir sie später noch auseinanderhalten können, notieren wir sofort Fundort, Datum und Uhrzeit und befestigen den Zettel am Glas. Zurück in der Kita vergleichen wir Farbe und Geruch und schreiben das ebenfalls auf den Zettel.

Wenn ihr wissen wollt, ob es trinkbar ist, könnt ihr die Proben in einem Forschungslabor oder vom Gesundheitsamt untersuchen lassen. Ihr könnt euch auch bei einer Umweltorganisation oder in einer Apotheke Teststäbchen besorgen (z. B. für Härtegrad, Nitrat- oder PH-Werte) und testet damit Regenwasser, Pfützenwasser oder einen Salatkopf. Erkundigt euch über Grenzwerte.

Materialien: möglichst gleichartige, verschließbare Gefäße, Papier, Stift, Gummis

Projektbeispiel Kläranlage (Abwasser)

Die Klasse 4a der 4. Grundschule in Berlin-Friedrichshain war 1998 der Sieger beim Wettbewerb um den Friedrichshainer Umweltigel (Preisgeld: 1.000,-DM). Hier Auszüge aus ihrem mündlichen Bericht:

„Wir haben in einem Projekt unser Trink- und Abwasser erforscht. Erst haben wir in der Schule gesucht: Wir wollten herausfinden, wo das Trinkwasser herkommt und wo es hingeht. Dazu haben wir die Wasserleitungen verfolgt und dann die Wasserwerke kontaktet. Daneben haben wir experimentiert: Was nimmt das Abwasser alles mit?"

Maximilian stellt als Ergebnis der Filterversuche vor: „Das Öl ist ein bißchen durchgekommen.

Medikamente werden nicht alle gefiltert". Der Klassensprecher berichtet weiter: „Deshalb stellten wir uns die Frage: Wie wird das Abwasser gereinigt? Wir sind nach Falkenberg gefahren, um uns die Kläranlage anzuschauen. Wir wollten dann im Klassenraum das Klärwerk nachbauen. Aber das war gar nicht so einfach.

Zurück in der Schule haben wir dann gedacht: Wie machen wir das bloß? Erst haben wir alles auf Zettel geschrieben und gezeichnet. Dann haben wir nachgebaut, wie die das filtern. Zum Beispiel das Vorklärbecken und das Nachklärbecken. Auch das Belebungsbecken. Da haben wir Luft reingeblasen. Aber wir mußten feststellen: Die Seife geht nicht raus. Als Ziel wollen wir aber erreichen: Wasser sollte möglichst sauber bleiben. Also überlegten wir, wie das zu erreichen wäre. Zum Beispiel: Wie kann man mit weniger Seife auskommen?

Wasser filtern

Wir besorgen uns transparente Behälter und bohren mit einem über einer Kerze erhitzten Nagel kleine Löcher in den Boden.
In die Pappen schneiden wir runde Löcher, so daß die Behälter gerade hineinpassen.
Nun füllen wir sie mit unterschiedlichen Filterschichten, wie: Erde, grober Kies, feiner Kies, Sand oder einer Kaffeefiltertüte.

Wir stellen alles übereinander, füllen oben eine Wasserprobe (z. B. frischgefallener Schnee, Pfützenwasser) ein und beobachten das langsame Durchsickern durch die Erdschichten.

Wie wirksam sind die Filter?

Material:
durchsichtige Plastikdosen (Verpackungsmaterial), Pappe, Schere, Kaffeefiltertüten, Erdproben, feiner und grober Kies, Sand, Schmutzwasserprobe

Wasser früher

Wie haben Menschen früher getrunken, sich gewaschen, gebadet? Weil das verschieden sein kann, und das am besten diejenigen wissen, die es selbst erlebt haben, hier einige Anregungen und Beispiele:

Oma wurde als Kind mit ihrer Schwester jeden Samstag gebadet. Extra deshalb wurde der Kohlebadeofen angeheizt, auch im Sommer. Damit sie am Sonntag „schön sauber" war.

oder

Früher badeten die Leute noch im Kanal. „Schau dir das an: Ganzkörperbadeanzüge..." Im Studentenbad zum Beispiel. Heute ist der Kanal an dieser Stelle so dreckig, daß man eigentlich ein Denkmal mit Inschrift aufstellen müßte: „Denkmal über Wasser nach".

oder

Früher wurde die Stadt am Osthafen mit Getreide, Eiern und Waren aller Art aus Schiffen beliefert. Heute wird fast nur noch Kies und Sand verladen.

oder

Warum heißt eigentlich der Wasserturm Wasserturm? Und was ist mit der verrosteten Eisenkugel beim alten Lokomotivschuppen? Stimmt es, daß Lokomotiven früher noch mit Dampf gefahren sind?

oder

Frau Schnefert weiß noch, wie einen Tag lang das Wasser der Kita abgestellt werden sollte. Aus dem einen Tag wurde fast eine ganze Woche. Genauestens muß sie Fragen beantworten. Wie war das mit dem Händewaschen und der ausbleibenden Klospülung? Und was wäre überhaupt, wenn es heute in der Kita plötzlich kein Wasser gäbe?

oder

Im Krieg wurden viele Wasserleitungen zerstört. Die Menschen standen in langen Schlangen nach Wasser an. Wie war das eigentlich damals, Oma?

oder oder oder

Anhand von alten vergilbten Fotos, Erzählungen, Augenzeugenberichten, Familienalben entstehen Geschichten, entdecken wir Zusammenhänge, erleben wir die Stadtgeschichte am Beispiel des Wassers noch einmal. Alte Sachen lassen frühere Gewohnheiten wieder wach werden - im Vergleich zu heute.

Wasser in Dörfern, Städten und Ländern

Wasser gibt es fast überall auf unserer Erde. Kinder auch. Doch fast überall ist es anders. Dieser Aufruf möchte dazu beitragen, daß die Kinder von einander mehr darüber erfahren, wie es bei ihnen ist. Schneit es? Wohnt ihr am Meer? Ist bei dir Wüste? Was heißt „Wasser" in eurer Landessprache?

Wir sind Kinder aus der Kita Hasenberg und aus der Kita Spatzentümpel. Bald sind wir eine Kita. Im Garten haben wir selbst einen kleinen „Fluß" gebaut. Vielleicht haben wir bald auch einen Wasserzauberraum?! Wir wüßten gerne mehr über Wasser - auch in anderen Ländern. Wie ist es bei euch? Bitte schreibt uns, dann schreiben wir euch auch:

Kindertagesstätte   Am Prenzlauer Berg 17   10 405 Berlin

Ideenwerkstatt: Ein Glas Wasser

Was kannst du alles mit einem Glas Wasser machen?

Erwachsene haben auf diese Frage schnell Antworten. Sie brauchen das nicht mehr auszuprobieren und greifen auf ihre „Erfahrung" zurück. Mit Hilfe des brainstorming-Verfahrens können wir spontane Antworten gewinnen, auch wenn sie noch so verrückt sind.

Hier z.B. einige Antworten von Erzieherinnen:

Blumen gießen
blubbern
trinken
spielen

Ein Wirbelsturm im Gehirn

Weitere Spontanantworten wurden als mindmap sortiert. So entstand eine Fluß-Land-Karte des Gehirns:

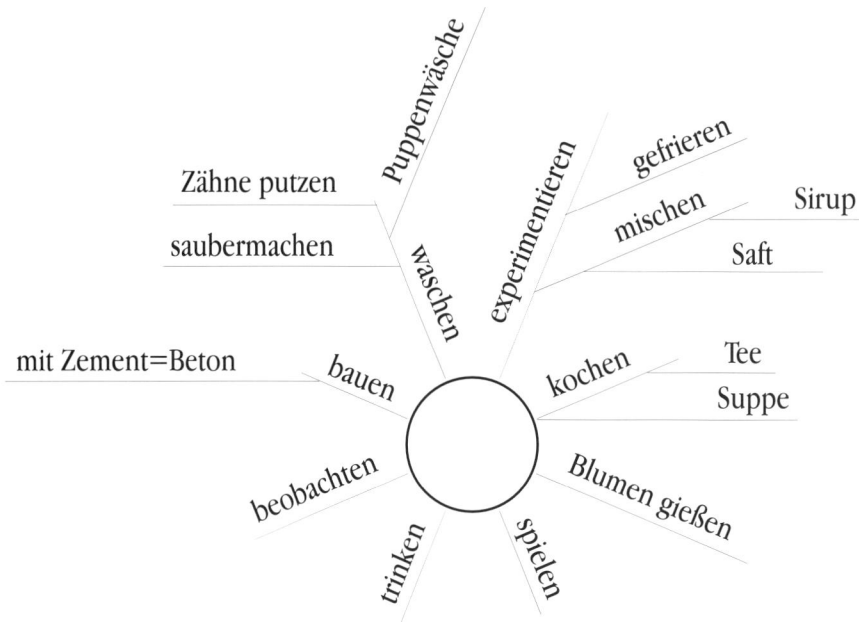

Mindmap - ein Glas Wasser

Im Vergleich dazu das Ergebnis von Moritz, Martin, Peer, Sandra, Annika, Dajana (8-10 Jahre) mit demselben Verfahren. Ihre Glas-Wasser-Ideen waren: trinken (4x), Blumen gießen (2x), ausschütten, erfrischen, putzen, Brausepulver zum Prickeln bringen, Zähne putzen, Mund ausspülen, kochen, Katzenwäsche. Doch wie ist das bei kleinen Kindern? Woher sollen sie wissen, was man mit einem Glas Wasser alles machen kann? Vielleicht haben sie es noch gar nicht ausprobiert? Kleine Kinder sind erst noch dabei, Erfahrungen zu sammeln. Sie lernen noch. Und Erfahrungen entstehen langsam, Tropfen für Tropfen, Glas um Glas. Erfahrungen kennen Möglichkeiten, Umwege, eigene Versuche. Erfahrung wächst Schritt für Schritt ....

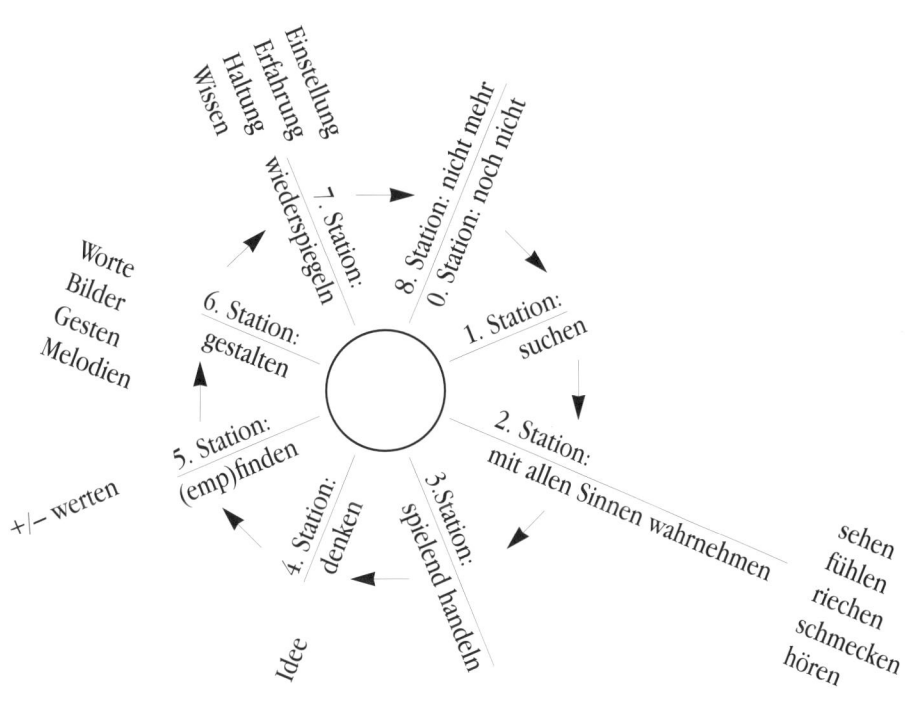

Die 8 Stationen des Lernens

... wieder und wieder, manchmal Tag für Tag. Eigene Erfahrungen sind die Voraussetzung für nachhaltige Entwicklung. Sie zahlen sich oft erst viel später aus. Damit das eines Tages so sein kann, brauchen Lernprozesse schon heute Zeit, Verständnis und Begleitung. Erst am Ende steht ein Schatz aus Erfahrungen, der dem Erwachsenen dann schnell und abrufbar zur Verfügung steht.

Eigene Erfahrungen entstehen durch unmittelbares Lernen - niemals aus zweiter Hand.

Viel braucht es nicht, um glücklich zu sein.

Für Wasserscheue

Möglichst nicht naß werden.

Den Körper waschen (Pantomine)

Es ist früh am Morgen, wir sitzen im Kreis und sind noch etwas verschlafen. Da kommt wie aus heiterem Himmel die Schocker-Frage:
Seid ihr heute morgen schon - naß geworden? Nein? Seid ihr heute morgen schon - mit Wasser in Berührung gekommen? Ja? Wie denn?
„Zähne putzen", „Finger waschen".
Heute morgen wollen wir uns einmal gründlich ohne Wasser waschen. Wir beginnen mit beiden Händen am Kopf, „waschen" uns von oben nach unten und entdecken dabei unseren Körper.

Wasserpantomime (im Sitzen oder Stehen)

Wo wir gerade schon dabei sind: Was könnten wir noch alles waschen? „Wäsche", „Autos", „Fenster", „Teller". „Aber dafür gibt es doch die Waschmaschine!" sagt Fini.
Und so waschen wir ohne Wasser und mit großen und kleinen Bewegungen Fenster, Puppen, Häuser, Bäume ...

Variante: Vormachen und raten lasssen: Was wasche ich?

Wassertheater

Hinter einem Vorhang oder Bettlaken steht auf einem Tisch eine Schüssel mit Wasser. Mit allerlei Gegenständen werden Geräusche erzeugt. Es blubbert, gurgelt, gießt, schüttelt, tropft. Die Zuhörer oder Zuschauer des Schattenspiels raten, um welche Gegenstände und Materialien es sich handelt.

Wassergeräusche raten

Zuerst sammeln wir mit einem Tonband in der Einrichtung Wassergeräusche. Vorspielen, raten. Danach die Originalgeräusche und -schauplätze aufsuchen.

Trockenbleiben - bis zum Umfallen

Wir stellen Stühle im Kreis um einen Teppich-Teich. Auf jedem Stuhl steht ein Kind. Wer die genannten Sätze nicht vervollständigen kann, der muß erst mit einem Fuß dann mit beiden Füßen absteigen. Steht erst mit einem Fuß, dann mit beiden Füßen „im Wasser". Kniet erst auf einem, dann auf beiden Knien, „im Wasser" - bis zum Umfallen.

Reihum die folgenden Sätze vervollständigen:

- Der Regen fällt auf ...
- Mit Wasser kochen kann man ...
- Mit Wasser waschen kann man ...
- Im Wasser leben ...
- Wasser kann man füllen in ...
- Das Wasser fließt durch ..., über ..., in ...
- Wasser-... Bindewörter vervollständigen, wie Wasser-fall, Wasser-werk ...
- Oder den Namen eines Sees oder Flusses nennen

Wasser ist Leben?

Wasser ist Lebensmittel. Ohne Wasser gibt es kein Leben auf unserem Planeten. Doch was ist das überhaupt - Leben?

Haben Kinder in unserem fernsehverwöhnten Kulturkreis überhaupt einen Zugang zu einer solch existenziell tiefgreifenden Frage? In mehreren experimentellen, offenen Lernwerkstatt-Gesprächen habe ich nicht nur erleben dürfen, daß Kinder gerne philosophieren. Wir haben auch grundlegende Antworten gefunden. Im folgenden drei ausgewählte Vorgehensweisen, mit deren Hilfe Haltungen, Einstellungen und Wertschätzung von Wasser zu Tage treten können:

Über Leben

Wir sitzen im Kreis. In der Mitte befinden sich ein rotes Spielzeugauto, eine Flasche Wasser und ein 2-Mark-Stück. Alles wird herumgegeben. Die Flasche mit Wasser findet jedoch kaum Beachtung. Ich halte das rote Spielzeugauto und das 2-Mark-Stück hoch. „Was ist mehr wert?" Meine Frage wird eindeutig bis hektisch mit: „Das Geld!", „Zweimark", „Geld!", „Geld", „Geldstück!" beantwortet. Niemand macht sich für das Spielzeugauto stark. Ich sondere es aus. Es folgt der direkte Vergleich: Geld mit Wasser. Die Spannung steigt. Erneute Frage: Was ist mehr wert, Geld oder Wasser? Es bleibt dabei: Geld ist mehr wert!

Karl ist still geblieben. Ich schaue ihn an. Erst ist er etwas unsicher und zögert. Dann traut er sich, spricht: „Ohne Wasser sehe es ganz schön traurig aus", sagt er mit leiser Stimme. „Ohne Wasser lassen Bäume ihre Blätter hängen. Menschen haben nichts zu trinken. Tiere verdursten. Es gibt keinen Regen mehr, keinen Schnee…" Es ist still geworden im Raum. Ich frage: „Und was kann man mit einem 2-Mark-

Stück alles machen?" Die Antworten kommen schnell: „Einkaufen." „Spielen." „Kaufen." „Sparen." „Was zu trinken kaufen." Im Gespräch stellen wir fest, daß man mit einem 2-Mark-Stück weder die Hände waschen noch Blumen gießen kann. Wir können darunter nicht duschen und es auch nicht trinken, wenn wir Durst haben. Hat Wasser also doch einen Wert?! Die Gruppe schwenkt in ihrer Meinung langsam um. Alle finden jetzt, daß Wasser mehr wert ist. Karl strahlt. Auch wenn es für ihn hart war, so alleine gegenüber den Anderen seine Meinung zu vertreten, er hat sie dadurch zum Nachdenken gebracht. Eine solche Haltung läßt sich schwer aufwiegen. Schon gar nicht mit Geld.

Überleben

Ich sitze mit einer Hortgruppe im Sportraum. Wir möchten zusammen etwas über das Leben herausfinden. Also frage ich: „Was meint ihr - wie lange kann ein Mensch ohne Luft auskommen, ohne gesundheitlichen Schaden zu nehmen?" Die Antworten bewegen sich zwischen einer und zweieinhalb Minuten. Nach einiger Zeit der Besinnung kommt noch ein Nachzügler: „Taucher können es noch länger! Die können Stunden!" Die Kinder erklären sich das damit, daß sie Luftflaschen dabei haben. „Manche Muscheltaucherinnen", werfe ich ein, „können drei, vier oder gar fünf Minuten unter Wasser bleiben. Und das ohne Luftflaschen." Die Gruppe staunt. „Aber die üben auch lange dafür," ist eine Erklärung. Jetzt wollen wir selbst herausfinden, wie lange jeder einzelne die Luft anhalten kann. Sandra schaut auf ihre Armbanduhr. Alle holen wir tief Luft. Peer gibt als erstes auf. Peter kann am längsten.
Als nächstes fragen wir uns: Wie lange kann ein Mensch ohne Wasser leben, zum Beispiel in der Wüste? „Drei Tage, eine Stunde, fünf Tage, keinen Tag, fünf Minuten", antworten die Kinder.
Auffallend ist, daß die Meinungen sehr weit auseinander liegen. Anscheinend haben sie keine klare Vorstellungen, wie es ist, ohne Wasser zu sein.
Also stelle ich ihnen folgende Aufgabe:
Stellt euch vor, ihr seid zusammen in der Wüste. Es ist fürchterlich heiß. Weit und breit gibt es keine Quelle. Ihr habt zusammen nur noch eine Flasche Wasser. Niemand von euch weiß, wie weit es bis zur nächsten, von Menschen bewohnten Oase ist. Was macht ihr mit der Flasche Wasser?

Leben

Wir Erwachsenen wissen es längst: Wasser ist fast überall. Wasser ist in Bäumen, im Gemüse, im Obst, im Körper. Aber - was wissen davon Kinder? Zur Vorbereitung des eigentlichen Gesprächs, unternehmen wir ein kleines Experiment: Bei einem Spaziergang pflücken wir Blätter, kaufen einen Kopfsalat und Äpfel. Zurück in der Kita nehmen wir ein Spielzeugauto und ein Glas mit Wasser dazu. Wir wiegen alles einzeln auf einer Briefwaage und notieren ganz genau das aktuelle Gewicht. Dann lassen wir die Sachen auf einem Tablett am Fenster einige Tage stehen und beobachten hin und wieder, was passiert. Blätter,

Salat und der Apfel fangen an zu schrumpeln. Nach einigen Tagen wiegen wir noch einmal alles einzeln und vergleichen das aktuelle Gewicht mit unserem ersten Ergebnis. Frage: Wie kommt es zu dem Unterschied? Auf der Suche nach Gründen kommen wir miteinander ins Gespräch. Alle Erklärungsversuche, und sind es noch so krause Theorien, sind willkommen.

Weitere Fragen zum Philosophieren:

    Geht das Wasser niemals aus?
    Wie ist es entstanden?
    Wie alt oder wie jung ist ein Tropfen Wasser?
    Können Menschen ohne Wasser leben?
    Hat Wasser ein Eigenleben?

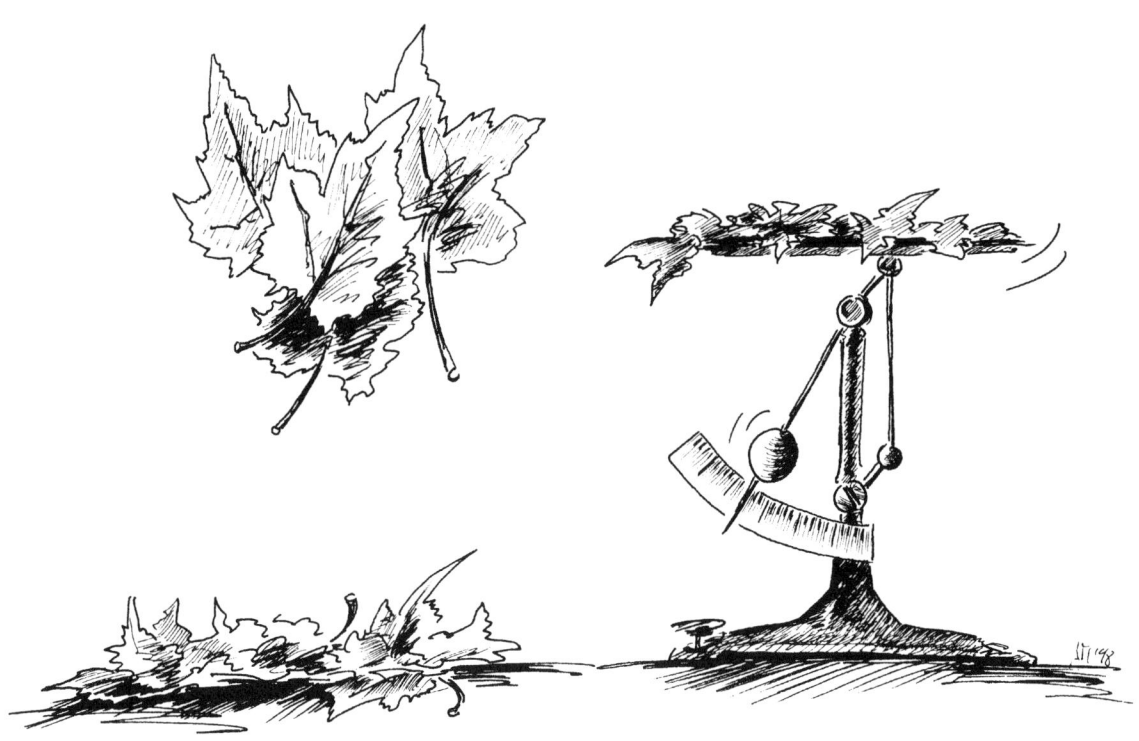

„Brunnen müssen jedoch instandgehalten und gelegentlich gereinigt werden. Verfallene Stellen müssen repariert werden, damit kein Wasser verschwendet wird." (aus dem „I Ging")

WEGE ZU EINEM WASSERZAUBERRAUM

Ist der Waschraum nur zum Händewaschen da?

Auf manche Kinder übt das Wasser im Waschraum eine solche Faszination aus, daß sie die Frage, ob der Waschraum nur zum Händewaschen da ist, durch ihr Tun mit einem klaren „Nein!" beantworten. Mannigfaltiger Verbote zum Trotz experimentieren und spielen sie, notfalls eben heimlich am Waschbecken. Wie beantwortet eine Erzieherin dieselbe Frage? Ist für sie der Waschraum ein ausschließlicher Ort der Hygiene, des Zähneputzens und Händewaschens? Vielleicht hat sie ihre ständigen Ermahnungen längst satt? Denkt über zufriedenstellendere Lösungen nach?

Wer etwas verändern möchte, sieht sich unterschiedlichen Ausgangssituationen gegenüber. Viel hängt davon ab, was Planer und Architekten geschaffen haben. Wird bestimmt vom Bautyp, Baujahr oder dem aktuellen Zustand eines Raumes.

- Der Waschraum kann beispielsweise sehr klein sein. Womöglich ist er lang und schmal und ohne Fenster. Ein „langgezogenes Etwas", „muffig", „undicht". Er ist mit einem Wort - trostlos. Ein fast hoffnungsloser Fall?
- Vielleicht ist er „stinknormal" - will heißen: steril, quadratisch, typisch. Eben „schön steril gefließt". Vielleicht könnte aus ihm mit etwas Fantasie und Geschick mehr werden?
- Möglicherweise ist er aber auch in einem Zustand, in der eine Rekonstruktion oder „Runderneuerung" fällig wäre? Zumal wenn er älteren Baujahrs ist? Wie wäre es mit einem Rundumwaschbecken, einer Dusche, neuen Rohren? Aber halt - liebes Bauamt: Nicht nur alles schnell bis unter die Decke neu kacheln! Ein durchdachtes Konzept könnte für Kinder mehr Spielwert bringen. Mit nur wenig mehr an Mitteln läßt sich ein Vieles mehr an Spiel - und Erlebnisqualität für Kinder erreichen.
- Oder - es geht um eine Neubauplanung, den 6er im Kita-Lotto? Diesmal nicht hinter verschlossenen Amtstüren? Leitung und Erzieherinnen wirken bereits in der Planungsphase mit? Sie bringen ihre Vorstellungen und Erfahrungen ein, nehmen Einfluß, haben „Glück"?
- Manchmal - unscheinbar und im Verborgenen - als Folge zurückgehender Kinderzahlen: Ein Waschraum steht leer. Ohne viel Aufhebens könnten neue Wege beschritten werden. Könnten.

Ein ganzes Team möchte bewegt, Eltern überzeugt werden usw. usf. Vielleicht aber steht am Ende ein Wasser-Experimentier-Raum?

• Denkbar ist, daß schon das eine oder andere kleine Wasserprojekt Spuren hinterlassen hat. Es hängt ein Netz mit Fischen im Raum, die Wände sind bemalt. Es bedarf nur noch der einen oder anderen weiteren Anregung?

An kreativen Vorstellungen mangelt es Erzieherinnen jedenfalls nicht. Im Rahmen von Wasserzauber-Workshops und Fortbildungen entstand ein riesiger Ideenspeicher.

Wege zu einem Wasserzauberraum

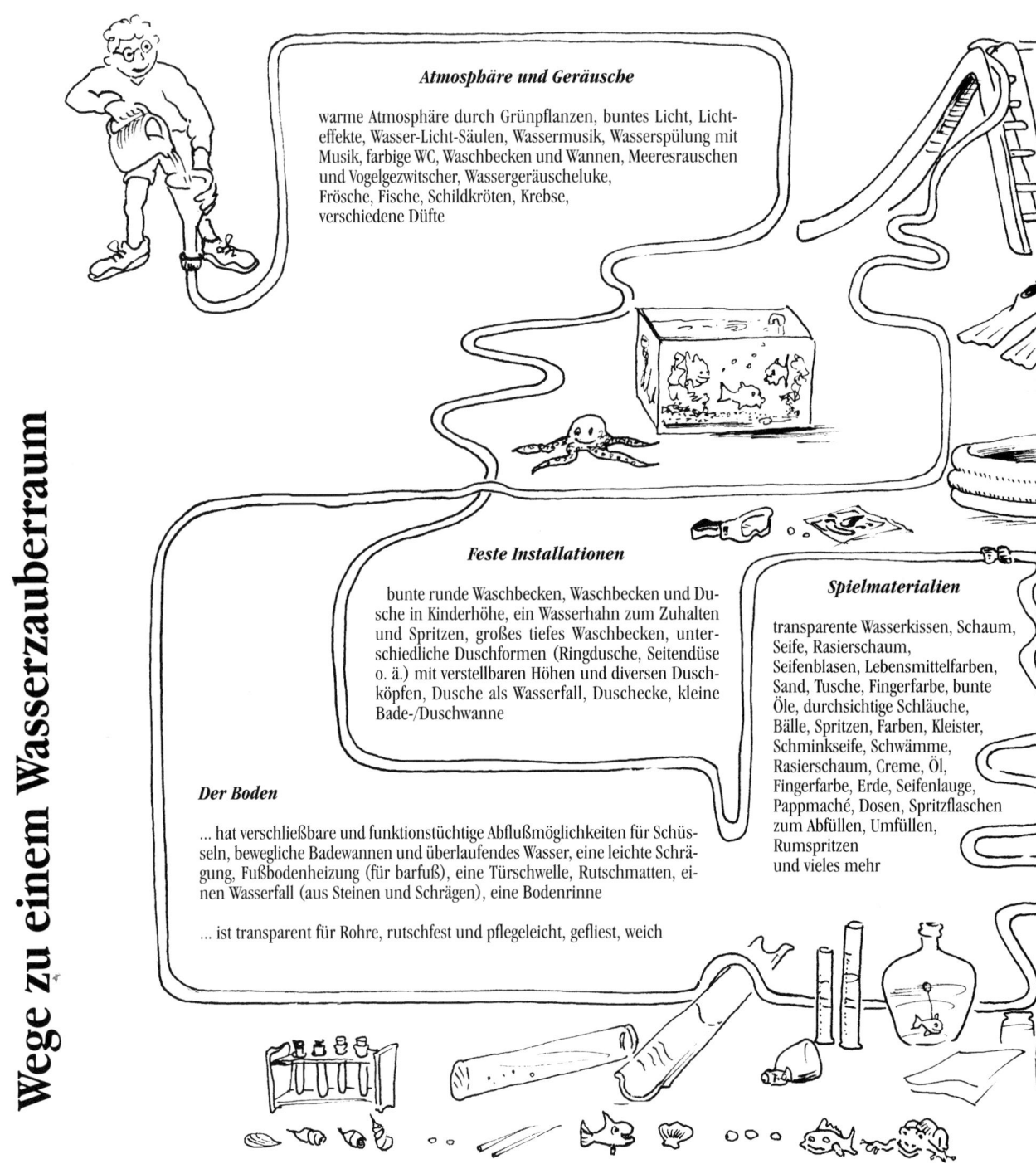

Atmosphäre und Geräusche

warme Atmosphäre durch Grünpflanzen, buntes Licht, Lichteffekte, Wasser-Licht-Säulen, Wassermusik, Wasserspülung mit Musik, farbige WC, Waschbecken und Wannen, Meeresrauschen und Vogelgezwitscher, Wassergeräuscheluke, Frösche, Fische, Schildkröten, Krebse, verschiedene Düfte

Feste Installationen

bunte runde Waschbecken, Waschbecken und Dusche in Kinderhöhe, ein Wasserhahn zum Zuhalten und Spritzen, großes tiefes Waschbecken, unterschiedliche Duschformen (Ringdusche, Seitendüse o. ä.) mit verstellbaren Höhen und diversen Duschköpfen, Dusche als Wasserfall, Duschecke, kleine Bade-/Duschwanne

Spielmaterialien

transparente Wasserkissen, Schaum, Seife, Rasierschaum, Seifenblasen, Lebensmittelfarben, Sand, Tusche, Fingerfarbe, bunte Öle, durchsichtige Schläuche, Bälle, Spritzen, Farben, Kleister, Schminkseife, Schwämme, Rasierschaum, Creme, Öl, Fingerfarbe, Erde, Seifenlauge, Pappmaché, Dosen, Spritzflaschen zum Abfüllen, Umfüllen, Rumspritzen und vieles mehr

Der Boden

... hat verschließbare und funktionstüchtige Abflußmöglichkeiten für Schüsseln, bewegliche Badewannen und überlaufendes Wasser, eine leichte Schrägung, Fußbodenheizung (für barfuß), eine Türschwelle, Rutschmatten, einen Wasserfall (aus Steinen und Schrägen), eine Bodenrinne

... ist transparent für Rohre, rutschfest und pflegeleicht, gefliest, weich

Ideenspeicher

Wandgestaltung

fröhliche, helle Farben, gekachelte Flächen bis hoch hinauf, Fliesen auf dem Boden und an den Wänden, bemalbare, abwaschbare Flächen, Folienwand, Glitzerfolie, ein Thema: z. B. Meer, Angeln, Unterwasserwelt, Bachlauf, Korallenriff, eine Fühlwand mit Meeresutensilien, Fischen, Pflanzen, Muscheln, Zerrspiegel, Spiegelwand, Spiegelkacheln, Spiegelfliesen, bespielbare Wand mit Rinnen, Auffangbecken, Röhren, Schläuchen, Trichtern, bewegliche Anordnung für Handtücher (fahrbar)

Einrichtungsgegenstände/Logistik

könnten sein:
Wasserbecken auf Kinderhöhe, Wasser-Spiel-Tisch, Matschtisch, Maltisch, Experimentiertisch, Planschbecken, Experimentierbecken, Lagermöglichkeiten, Materialecke mit offenem Regal für Pipetten, Behälter, verschiedene Gefäße, Trichter, Meßbecher, Wasserräder, Boote, Wasserauffangeimer oder -tonne zur Wiederverwendung, Wassersackaufhängung, Materialschrank, offener Schrank mit Geschirr, Besteck, Kellen, Flaschen, Eimer, Schaufeln, Hängeschränke, Abstellmöglichkeiten und -flächen für Material

Diverse feste Installationen

... wie kleiner Springbrunnen, Sprudelbecken, Tropfsteinhöhle, Planschbecken, Massagedusche mit veränderbarem Duschkopf, Möglichkeiten für Wasserspiele in Dusche und Waschbecken, Schlauchanschluß, Pumpe, Fontäne, durchsichtige Zu- und Abflüsse, Wasserspritzen aus der Wand, Matschecke, Handpumpe, Wasserrutsche, großes Wasserbecken, Wannen; für kleine Räume: mit Flaschenzug ein „Spielbecken" unter der Decke installieren

Experimentiermaterial

- wie Sand, Folie, Netze, Tüll, Kork, Tinte, Kleister, Farben, Filterpapier, Zeitung, Schwämme, Strohhalme, Muscheln, Steine, Holz, Sand, Plaste, Metall, Holz, Murmeln, Glasperlen
- verschiedene Gefäße, wie Flaschen, Gläser in unterschiedlichen Größen und Öffnungen, durchsichtig/bunt, dick und dünn, Experimentiergefäße
- Eimer, Kannen, Becher, Wannen, Flaschen, Wasserräder, unterschiedliche Schläuche kurz und lang, durchsichtig in verschiedenen Stärken, Rinnen (mit Staustufen), Folien, Siebe, Filter, Garteschlauch, Gießkannen, Luftballons, Meßbecher, Trichter, ein Mikroskop, Waagen, eine Gläserwand mit unterschiedlichen Wasserproben, eine Wasserorgel
- verschiedene Materialien, die schwimmen und nicht schwimmen, eine Taststrecke für Hände und Füße, Tastrohre, Körpermalfarben, farbiges Wasser, Puppenbadezubehör

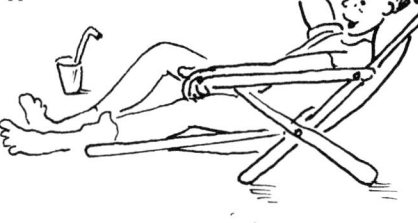

Elemente für einen Wasserzauberraum

Ein utopischer Entwurf: „Wassererlebnisraum für Kinder"

Wasser-Matsch-Tisch (Selbstbau)

Wer nur wenig Geld hat, kann sich einen Wasser-Matsch-Tisch selbst bauen (lassen). Vielleicht gibt es im Baumarkt eine billige Duschtasse oder eine zerkratzte Spüle? Mit einer zusätzlichen, wasserfesten Platte als (Teil-)Abdeckung kann sie auch als Experimentiertisch dienen.

Materialien:
emaillierte Duschtasse (80 x 80 cm) oder Spüle, hölzerner Unterbau aus behandeltem Lärchen-/Kiefernholz (Höhe je nach Größe/Alter der Kinder), Stöpsel/Standrohr, Schüssel für ab-/überlaufendes Wasser, 2 Schläuche zum Füllen/Entleeren, div. Zubehör, wie Bälle
Ausführung: Hausmeister, Eltern, Tischler

Wasser-Wand

Gibt es auf dem Boden keine bespielbare Fläche, kann diese an der Wand entstehen. Durch ein fahrbares Handtuch-/Zahnputzregal wird die Wand dahinter nutzbar, zum
- Malen = wird die Wand mit einem abwaschbaren Anstrich versehen, kann sie mit einer Folie behängt werden, oder es kann eine Folienrolle angebracht werden. Auch entsteht Raum für eine bewegliche Staffelei
- Spielen = an der Wand werden Leisten angebracht, mit Haken für Trichter und Schläuche
- Tasten = mit Muscheln, gemalten Fischen u.ä. wird eine Fühlwand gestaltet
- Spiegeln = an der Wand werden große Spiegel oder Spiegelfliesen angebracht, Voraussetzungen dafür sind ein haltbarer, wasserfester, wasserdichter Untergrund. In ungünstigen Fällen sollte eine Rigipsplatte angebracht werden.

Materialien:
Kacheln, Bruchfliesen, Spiegelscherben, im Urlaub gesammelte Muscheln, weißer Fliesenkleber

Regale/Logistik

Materialien und Experimente sollten nicht alle ständig verfügbar sein. Besser ist es, wenn wir Flaschen, Gefäße und Experimentiermaterial in einem Nebenraum lagern. Wir tauschen sie hin und wieder aus bzw. händigen sie Kindern auf Wunsch und nach Absprache aus. Im Vorraum findet sich vielleicht ein Platz für eine kleine Bibliothek?
Ausführung: Elternfachleute, Fliesenleger, kleine Flächen können wir gemeinsam mit Kindern z. B. als Unterwassermotive gestalten; vorher Entwürfe anfertigen oder Bilder legen lassen

Decke

Farbe und (Unter-)Wassermotive lassen sofort eine andere Atmosphäre entstehen. Wie wäre es mit einem Netz, an dem bunte Fische, Wasser-Fundsachen, eine Wasserschlange oder Märchen- und Sagengestalten baumeln?

Materialien:
Fischer-, Kirschbaum- oder Tornetz, Luftballons, Pappmaché, Pergamentpapier, Kleber, Farbe
Ausführung: Hausmeister, Eltern, Kinder

Wassersammlung/Wasserorgel

Vielleicht findet sich auch eine sichere Stellfläche für
- ein Experiment
- eine Sammlung von Wasserproben
- in Wasser „eingelegte" Gegenstände
- eine Wasserflaschenorgel

Wasservorhang

Wir kaufen im Baumarkt transparente Schläuche, verschließen ein Ende und füllen sie mit verschiedenen Materialien. Die Schläuche werden zu einem Fenstervorhang, Raumteiler oder einem Wassertürvorhang.

Materialien: transparente Schläuche, Stöpsel aus Korken, Perlen oder Gummipropfen

Füllungen: = Wasser plus Lebensmittelfarbe oder Tinte
= trocken mit Reis, Linsen, bunten Perlen, Federn u. v. m.

Ausführung: Füllen mit Kindern, Aufhängung: Hausmeister

Unterschiedliche Ausgangssituationen ergeben bei gleichen Zielen verschiedene Wege. Erfolgreich kann sein, wer allein klein anfängt und sich langsam steigert. Größere Vorhaben erfordern nachhaltige Mehrheiten im Team und die Unterstützung der Leiterin.

	Ausgangssituation	Ausgangssituation	Ausgangssituation	Ausgangssituation
	sehr kleiner Waschraum	nutzbare Flächen im Waschraum	ungenutzter Waschraum	Planungsverfahren/ kooperationswilliger Architekt
Maßnahme	Gruppenraum umräumen	Abflußtest, Wände streichen, wasserfestmachen	Rekonstruktion/Umbau, Demontage Waschbecken u. a., Wände fliesen	Mitwirkung bei Planung und Realisierung
Ausstattung	Wasserzauberkoffer, -kiste	bewegliches Handtuchregal, kleines Experimentierbecken	Grundausstattung wie Wasser-Matsch-Tisch	umfangreiche Erstausstattung, mit Kanalsystem u.a.
Kostenschätzung	bis 250,- DM Gruppenkasse	ab 500,- DM Sachmittel	ab 5.000,- DM ohne Umbauten Umbauetat	ab 10.000,- DM ohne bauliche Veränderungen Investitionsmittel
Selbsthilfeanteil	Elternaushang für Materialien	Material- und Geldspenden	Geld-/Material-/Sach-/ Arbeitsspenden	Sponsoren
Durchführung	Erzieherin	mit Eltern + Kindern	Unterstützung durch ehrenamtliche Rentner + Firmen, Eltern	Fachfirmen; ein Teil der Flächen wird mit Kindern nach der Eröffnung gestaltet
	gelegentlicher Wasserzauber	Nutzungserweiterung Wasserraum	Wasserzauberraum	wassertauglicher Experimentierraum, Wasserzauberräume, bespielbare Wasserwand
	Ziel	Ziel	Ziel	Ziel

Größere Veränderungen haben Umräum- bzw. Baumaßnahmen zur Folge. Es empfiehlt sich, diese vorab im Rahmen einer Zukunftswerkstatt „mental" (geistig) vorwegzunehmen und mit einfachen Mitteln zu „visualisieren" (sichtbar machen). Hilfreich ist dabei eine Begleitung durch Außenstehende (z. B. Konzept- und Projektmanager, Berater).

Begleitung und Beratung durch Außenstehende

- *Fotobestandsaufnahme*
- *Skizze mit Maßen*
- *kreative Entwürfe*
- *Einfachmodell z. B. im Schuhkarton*
- *Gespräche im Team/mit Amt*
- *... und vieles mehr*

Vereinbarungen mit Kindern

Größere Kinder sollten möglichst von Anfang an in den Veränderungsprozeß einbezogen werden. Mit ihnen gemeinsam (Nutzungs-)Vereinbarungen treffen. Faustregel: Soviel Entfaltungsspielräume wie möglich / so wenig Regeln wie nötig.

Beispiel: Wasserspielkleidung

Kinder möchten nicht als „Nackedei" in den Wasserraum. Aus vielen Gesprächen weiß ich, daß sie eine sinnvolle „Spielkleidung" haben möchten. Sie wollen spritzen, ihre Alltagskleidung soll jedoch nicht naß werden. Lösungen sind eine wasserfeste Kleidung, wie z. B.
- Gummistiefel, Plastiksandalen, Regenjacken (bei kühler Raumtemperatur)
- Schlüpfer, Badebekleidung (bei warmer Raumtemperatur)
- wasserfeste Schürzen, ausgeschnittene Mülltüten

Eine gute Vorbereitung (z. B. Wechselwäsche und Handtücher bereithalten) erspart Arbeit (wie z. B. ständiges Umziehen).

Der Grundriß „Wassererlebnisraum für Kinder" ensteht

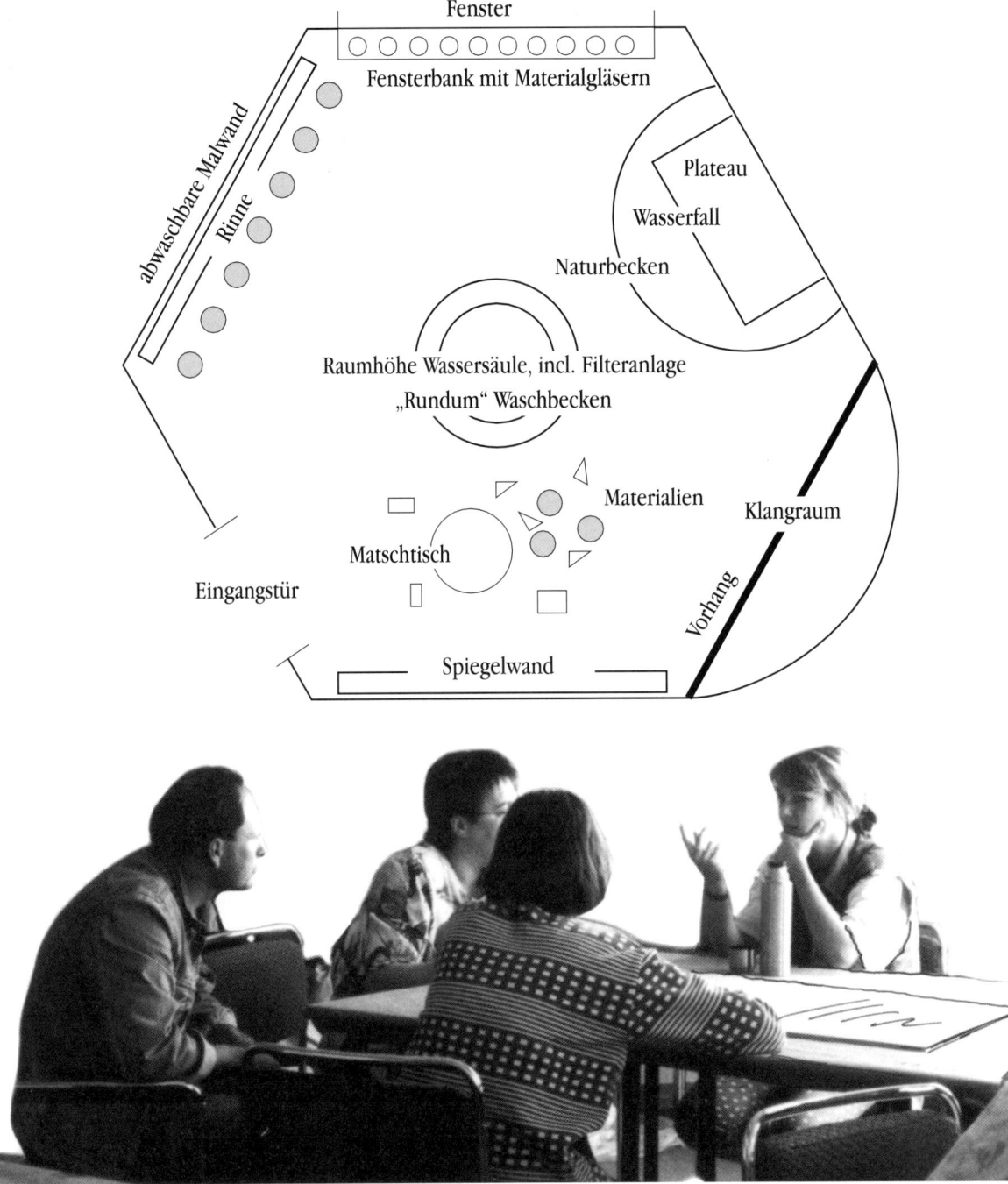

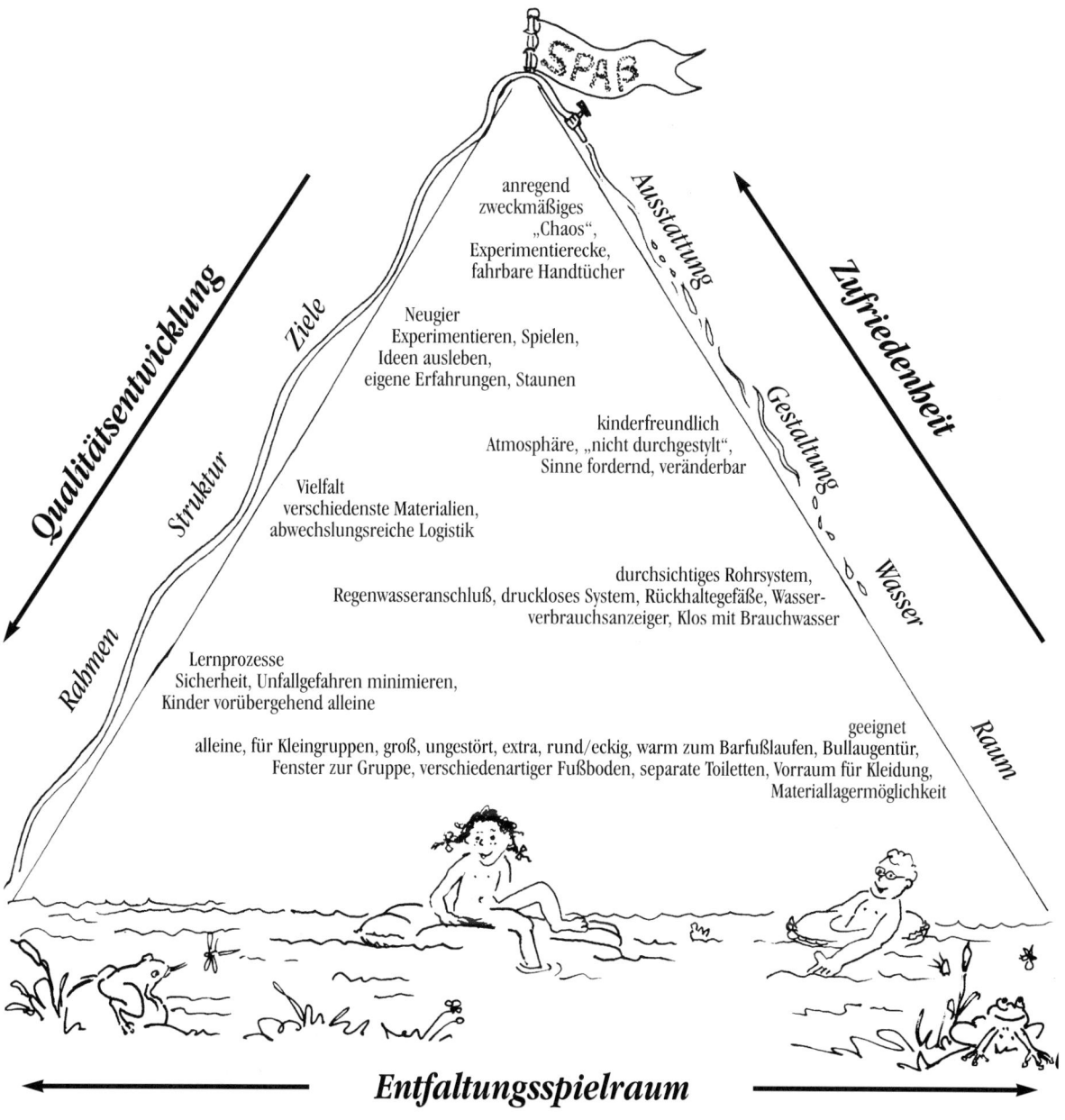

Qualitätsentwicklung läßt Entfaltungsspielräume zu und fördert die Zufriedenheit von Kindern.

Wellen machen - Kreise ziehen

Wir werfen zum Abschluß einen Blick in die Kita Purzelbaum. Wir nehmen einfach an, daß Frau Schnefert mit ihrem Team in der Zwischenzeit „rührig" gewesen ist. Nicht nur Ideen wurden gesammelt, es wurde auch ein Konzept für einen Wasserzauberraum entwickelt.

Alles ist für das Fest vorbereitet. Mit dem Erlös soll der leere Waschraum umgestaltet und mit Spiel- und Experimentiermaterialien ausgestattet werden. So weit das Geld eben reichen wird. Schon jetzt kann der Besucher erkennen, wie es einmal aussehen soll. An der Wand hängen Wunschzettel und Fotos aus Katalogen. „Liebesbriefe" erklären die verschiedenen Vorhaben. In einer Ecke stapeln sich bereits diverse Materialien: Bruchkacheln, Fliesen, transparente Schläuche und eine Mörtelwanne sind vom Baumarkt eingetroffen. Ein Vati hat Dachrinnen gestiftet und von der Firma Heizung + Sanitär stammt eine Duschtasse. Mit viel Mühe wurde ein kleines Wassermuseum mit vielen Experimenten und „Wasserzaubereien" aufgebaut. Julian verteilt an jeden Besucher ein Wasserquiz mit 10 Fragen. Wer gewinnt darf einen Tag Urlaub in der Kita machen - die Hängematte im Garten ist inklusive. Mona verkauft teure „schwimmt/das-schwimmt-doch-nicht-Wetten".
Ziemlich gemeine Sachen hat sie sich dafür ausgedacht. „Wetten, daß ein Stein schwimmen kann? - Nein? - Wetten, daß doch!" Pro Wette setzt sie Ein-, Zwei- oder gar Fünfmarkstücke. Schließlich soll Geld für den Wasserraum hereinkommen. Gleich wird die Theater-AG ihr neuestes Stück „Zauberwasser trifft Badehose" aufführen. Im Treppenhaus hängt eine große Ausstellung mit Original-Kinderzeichnungen, Collagen und Fließbildern. Auch selbstgeschöpftes Briefpapier und bunte Papierfische können käuflich erworben werden. Wen wundert es - Mona hat durchgesetzt, daß die Kinder 10 Prozent vom Verkaufspreis behalten dürfen. Es wird getrödelt, und die Wirtschaftskräfte verkaufen von Eltern gebackenen Kuchen. Der Zufall will es, daß Frau Schnefert ausgerechnet heute ihr 25jähriges Kita-Jubiläum feiert. Und sie hat Glück! Der Stadtrat ist doch noch vorbeigekommen. Beide sitzen sie in einer stillen Ecke. Irgend etwas liegt in der Luft.

Von einem „Kita-Erneuerungsprogramm" ist die Rede. Und so könnte die Geschichte, die mit einer splitternackten Mona und einem nicht weniger nackten Julian begonnen hat, vielleicht einen glücklichen Ausgang nehmen. Wie es scheint, ist Frau Schnefert gerade sehr erfolgreich dabei, die für ihren Traum-Kinder-Garten notwendigen Gelder nachhaltig lockerzumachen.

Du bekommst Wasser - und du bekommst keins

Auf diesen Seiten geht es um Märchen, Macht, Altlasten, Entwicklungs- und Entfaltungsräume.

Das vorige Kapitel endet wie im Märchen, könnten die Leser meinen. Und sie haben recht: Dieses Buch ist ja auch ein Zauberbuch. Nicht nur Kinder, auch Erzieherinnen brauchen manchmal Märchen. Insbesondere dann, wenn die Wirklichkeit schwer zu ertragen ist. Und das ist sie derzeit. Nehmen wir die Stadt Berlin. Sie ist mehr oder weniger pleite. Kindertagesstätten werden finanziell ausgetrocknet, während sich gleichzeitig Bundeskanzler und Daimler Benz AG tief und millionenschwer in die Spreelandschaft eingraben. Für Abermillionen werden riesige Bürohäuser gebaut, von denen heute niemand recht weiß, ob sie jemals vermietet werden können. Und der „Zufall" möchte es, daß öffentliche Brunnen als erste aus Sparsamkeitsgründen abgeschaltet werden. Kann in einer solchen Situation überhaupt ruhigen Gewissens die Realisierung eines „märchenhaften" Wasserzauberraumes empfohlen werden? Ich meine, ja. Geduld ist gefragt, genau hinschauen, kleine Schritte wagen...

Hin und wieder Eigeninitiative ergreifen, kann nicht schaden. Es gibt auch manchmal günstige Gelegenheiten, z. B. leere Räume, auch leere Waschräume können mit Ideen und positiven Beispielen gefüllt werden. Wasser sucht und findet seinen Weg. Und auch Geldströme können umgeleitet werden. Vielleicht fängt alles mit einem kleinen Rinnsal an, was sich zu einem Förder- und Entwicklungsprogramm kleckern könnte? Hier und jetzt mehr Natur und mehr Demokratie in der Stadt wagen. Kleine Ansätze kann man mit überregionalen Entwicklungen und globalem Denken verknüpfen.

Kinder sind die Zukunft einer Stadt und eines Landes. Wie Wasser, benötigen auch sie Entwicklungs- und Entfaltungsspielräume. Nur darüber können nachfolgende Generationen einen Erfahrungsschatz für kreative Lösungen herausbilden. Und den braucht es, um Altlasten der Industriegesellschaft aufzuspüren und zu entsorgen. Um Risiken und Nebenwirkungen von funktionalen Systemen zu entdecken und zu minimieren. Um erstarrte Einrichtungen und Institutionen zum Leben zu erwecken. Beispiel: In der Kita Wassertropfen mußte im Garten der Boden ausgetauscht werden. Kosten ca. 700.000,- DM. Eine benachbarte Galvanisierfabrik hatte über Jahrzehnte Gifte in den Boden sickern lassen. Niemand weiß, wie stark an dieser Stelle das Grundwasser belastet wurde. Und - mit dem verausgabten Geld sind noch nicht die Spielgeräte und der Spielplatz bezahlt, der darauf errichtet wurde.

Eine breite Vorsorge, mit einem achtsamen und verantwortungsbewußten Bezug zu Wasser und den nachfolgenden Generationen gegenüber, kann viele solcher „Betriebsunfälle" in Zukunft reduzieren. Dazu bedarf es einer entsprechenden Grundeinstellung, Haltung, Wertschätzung, aber auch alternative Konzepte für eine möglichst schonende (Trinkwasser-) Ressourcennutzung.

Eine Herausforderung und Aufgabenstellung, für (Umwelt) Pädagogen, die weit in das nächste Jahrhundert hineinreicht. Gleichzeitig ist es auch eine Herausforderung der Institution Kindertagesstätte, des Gemeinwesens und des derzeitigen gesellschaftlichen Wasserkonsens. Politiker sind gefragt, für die „Software" wie auch auch für die „Hardware" der Institutionen geeignete Rahmenbedingungen zu schaffen. Von Planung, Architektur, Technik und Ausstatung verdinglichte Möglichkeiten und Unmöglichkeiten entscheiden letztlich über die mehr oder weniger versteckten Botschaften und Inhalte, bestimmen Alltagshandeln, sind ebenfalls gewollte Lern- und Erfahrungs- Curricula. Spätestens hier endet pädagogischer Impetus, wird die Wasser-Frage zu einer Machtfrage. Wasserhahn auf - Wasserhahn zu? In der Autoindustrie sind Millionenetats für Entwicklungsarbeit selbstverständlich. Jedes Modell möchte neu und verbessert entworfen werden. Im Erziehungsbereich kostet das nur. Du bekommst Wasser - und du bekommst keins?

Schon ein Einziger kann einen riesigen Schaden an der so einmalig und sensiblen Ressource Trinkwasser verursachen. Immerhin zeichnet sich heute schon so etwas wie ein Problembewußtsein ab. Neulich hatte ich eine interessante Begegnung mit drei Jungen im Alter von 12 Jahren. Sie hatten den Inhalt einer Flasche Motorenöl verschmiert, die ein gestreßter Zeitgenosse am Straßenrand abgeworfen hatte. Mit dem Altöl waren sie gerade genüßlich dabei, einen Papierkorb zu „verschönern". Ob sie in der Schule im Unterricht nicht gelernt hätten, daß das der Umwelt schaden würde, wollte ich von ihnen wissen. Doch, das hätten sie. Dann wäre es wohl besser gewesen, wenn sie die Flasche zu einer Tankstelle gebracht hätten. Unglaubliches Staunen. Damit habe ich sie stehen lassen und bin einfach weiter gegangen. Sie haben kurz beraten. Dann hat mir einer zögernd hintergerufen, daß sie das Öl beim nächsten Mal zur Tankstelle bringen würden.

Leben oder Überleben ist manchmal eine Gratwanderung, ein Balanceakt. Wie soll in einer freiheitlichen Demokratie verfahren werden? In den ersten 10 Jahren werden in entscheidendem Maße Gewohnheiten ausgebildet. Mit einem kleinen Tropfen fängt es an. Und es ist viel zu tun. Wenn ich manchmal in einem Waschraum stehe, in dem die Rohre munter vor sich hinrosten, Konsolen verfallen, kann auch ich meine Zweifel am Sinn und Unsinn von Wasserzaubermärchen bekommen. Doch wenn eine Lage verfahren ist, taucht z. B. ein luftiges Feuerelement wie ein Schmetterlingsunterwasserdrache auf. Er steht für mich für die Selbstreinigungskraft des Wassers. Dann entstehen wie auch im Märchen Ideen, Phantasien und Träume. Und das gibt Kraft, genauso wie positive innere Bilder. Und - das nächste Jahrhundert gehört sowieso den Kindern. Und du bekommst Wasser - oder auch keins.

Für nachhaltige Erlebnisse - ein Ausblick

Gib Kindern und Wasser eine Chance ...

Trinkwasser und Kinder - beide sind als sensible wie auch einzigartige Ressource Lebensgrundlage für nachfolgende Generationen. Kinder wie Wassertropfen sind leicht verletzlich, in ihrer Klarheit und Reinheit bedroht. Beide sind lebendig, klein, viel in Bewegung, unschlagbar kreativ und innovativ. Kinder und Wasser zu schützen, zu bewahren, als kostbares Gut zu respektieren und ihnen dabei doch ihren Lauf zu lassen ist eine Herausforderung, die weit in das nächste Jahrhundert hineinreicht.

... durch nachhaltige Erlebnisse ...

Die Kindertagesstätte ist ein wichtiger sozialer Ort im Gemeinwesen. Als heimliches Dorf in der Stadt ist sie ein Brunnen voller Lebensenergie, der junge und alte Menschen zusammenbringen und über Grenzen hinweg verbinden kann. Eine ökologisch orientierte Kindertagesstätte, die sich dem Erfahrungsfeld Wasser und dem Leben öffnet, kann Schritt für Schritt zu einem wertvollen Kristallisationspunkt werden. Durch vielfältige wie nachhaltige Erlebnisse mit Natur und ihren Elementen läßt sie in vielen kleinen und großen Fragen, Entwürfen und Versuchen schon heute Zukunft Wirklichkeit werden.

... in einem ökologischen Netz ...

Durch eine verläßliche Kooperation mit Umwelteinrichtungen kann ein solcher Ort für Kinder, Familien und Nachbarn Konsultationspunkt in vielen Lebensfragen sein. Ist er Teil eines feingesponnenen, sozialen und ökologisch sensiblen Netzes, können existentielle Bedürfnisse wie bedrohte Lebensgrundlagen frühzeitig wahrgenommen und gesichert werden. Ein solchermaßen lebendiger Lernort trägt zum Erhalt von Leben auf unserem Planeten bei.

... global denken, lokal handeln.

Wassertropfen - ein Aufruf

Der Wassertropfen ist ein kleiner Künstler. Er kennt alle Länder und keine Grenzen. Er kann alles mögliche erleben. Du findest ihn fast überall auf dieser Erde. Er versteht über 100 Sprachen, aber nicht immer die der Erwachsenen. Versuche etwas über ihn herauszufinden!

Was mag er?
Was kann er?
Wie fühlt er sich?

Wie sieht er aus?

Was erlebt er gerade?

Gibt es etwas, was er überhaupt nicht mag?

Wo er sich wohl gerade befindet?

Ob es ihm gut geht?

Der Wassertropfen braucht zum Fliegen nicht unbedingt eine Wolke.

Er kann auch mit dem Zug fahren und als Brief rund um die halbe Erde reisen.

Schickst Du uns Deine Zeichnung oder eine kleine Geschichte - ein Gedicht oder eine Collage?
Mit einem Foto von Dir und mit Deiner Adresse? VIELEN DANK!
An Wassermuseum e. V. c/o Gottfried Heinzelmann, Cuvrystr. 17, 10997 Berlin

Die lustigsten, traurigsten, schönsten, originellsten, abenteuerlichsten Wassertropfen erhalten einen Preis. Wenn es viele Tropfen „regnet", könnte eine kleine Wanderausstellung mit vielen großen Wassertropfen daraus werden?

Das Wassermuseum

Mitglieder, Mitarbeiter und Vorstand des Vereins Wassermuseum e. V. setzen sich für das Urelement Wasser ein, bieten über Grenzen hinweg Wasser zum Anfassen. Die Aktivitäten des Vereins sind für alle Generationen offen. Wir möchten für das Wasser ein Museum als einen Ort der Besinnung schaffen. Der Verein Wassermuseum e. V. verfolgt gemeinnützige Zwecke zur Förderung des Umweltschutzes. Er ist vom Finanzamt für Körperschaften/Berlin allgemein als besonders förderungswürdig anerkannt. Arbeitsbereiche des Vereins sind derzeit u. a.:

Der Wasserparcour

Der Wasserparcour ist ein pädagogisch betreuter mobiler Spielort rund um das Wasser. Er ist im Sommer (ab Ende Mai bis Anfang September) nicht nur im Großraum Berlin unterwegs. In spielerischer Form können kleine und große Besucher das Wasser entdecken. Sind alle möglichen Stationen auf einer Wiese mit altem Baumbestand aufgebaut, ist die bespielte Fläche größer als ein halber Fußballplatz. Stationen sind u. a. eine begehbare Wasserschlange, Müllangeln, Wasserboxen, ein Wasserrad, eine Wasserbaustelle, eine veränderbare Wasserleitung. Zahlreiche Experimente werden ergänzt durch Mitspielaktionen. Der Wasserparcour kommt in Kindertagesstätten, Schulen und zu Festen. Bei Regen gibt es ein Alternativprogramm. Die Kosten trägt der Veranstalter. Faltblatt anfordern!

Der Wasserzauberraum

Der Wasserzauberraum befindet sich gegenwärtig in der Erprobung. Er wird als mobiler pädagogisch betreuter Ort vor allem in Kindertagesstätten unterwegs sein. In unkonventionellen Projekten kommen Kinder, Erzieherinnen, Lehrer, Eltern und Anwohner dem Wasser auf die Spur und über Wasser miteinander ins Gespräch. Eine bespielbare Wasser-Wand, ein Wasser-Matsch-Tisch, Experimentierbecken, zahlreiche Experimente, ein einfaches Labor bringen Spiel, Spaß und Lösungen für knifflige Wasser-Fragen ins Haus. Neugierige finden in kreativen Lernprozessen ihre persönlichen Einstellungen und Haltungen. Durch Beratung vor Ort entstehen Konzepte für Umgestaltungen. Teileelemente sind ausleihbar. Kosten nach Vereinbarung. Faltblatt anfordern!

Der Wasserzauberkoffer

Der Wasserzauberkoffer ist ein möglicher Einstieg in das Thema Wasser. Von dem Koffer geht ein Zauber aus. Man weiß nie genau, was in ihm drin ist und vor allem nicht, was dabei heraus kommt. Trockene Spiele, Fantasiereisen, Geräusche, Wassermusik, eine Zauberangel, Experimente, Wassertropfen, Seifenblasen, Geschichten verwandeln Gruppen und entfalten in Räumen nachhaltige Wirkungen. Unkostenbeitrag nach Vereinbarung. Faltblatt anfordern!

Das Zauberwasser

Zauberwasser versteht sich als eine bewegliche kreative Wasser-Factory. Es möchte im Kern des Wassermuseums ein innovatives Zentrum rund um das Wasser sein. Wir bieten für Einzelpersonen, Teams und Träger Workshops, Fortbildungen, Konzeptionsentwicklung, Informationsmaterialien, Brunnengespräche, Beratung vor Ort und begleiten Veränderungsprozesse. Aus einem kleinen Anfang kann ein Projekttag, eine Projektwoche, ein Wasserspielort, ein Wasserzauberraum für eine ganze Einrichtung werden.

Zu diesem Buch gibt es weiterführende Arbeitsmaterialien. Sie enthalten Experimente, Erfahrungsberichte, wasserpädagogische Projekte, *flow-learning*-Konzepte und vieles mehr und sind gegen eine Schutzgebühr erhältlich.
Wir würden uns sehr freuen, wenn Sie unsere Arbeit mit Material-, Sach- oder Geldspenden unterstützen würden.

Wassermuseum e. V. Berliner Sparkasse BLZ 100 500 00 - Konto-Nr. 870 006 606.
Bitte Adresse wegen der Spendenbescheinigung deutlich auf den Überweisungsträger schreiben. Spendengelder befördern Wasserzauber-Vorhaben und kommen vor allem Kindern zugute.

Kontakt:
Wassermuseum/Ideenwerkstatt: Helmut Hummel (Diplomdesigner/Kunsttherapeut)
Diersbütteler Str.1, 21 385 Rehlingen, Tel. (04132)- 87 84

Wassermuseum/Ideenwerkstatt/Öffentlichkeit und Verwaltung:
Annette Maschmann (Diplomdesignerin/Grafikerin)
Neckarstr. 4, 12 053 Berlin, Tel. (030) 681 07 53

Wassermuseum/Vereinssitz/Projektentwicklung
und Arbeitsbereich Wasserzauber:
Gottfried Heinzelmann (Diplompädagoge/Schriftsteller)
Cuvrystr. 17, 10997 Berlin, Tel. (030) 612 11 21

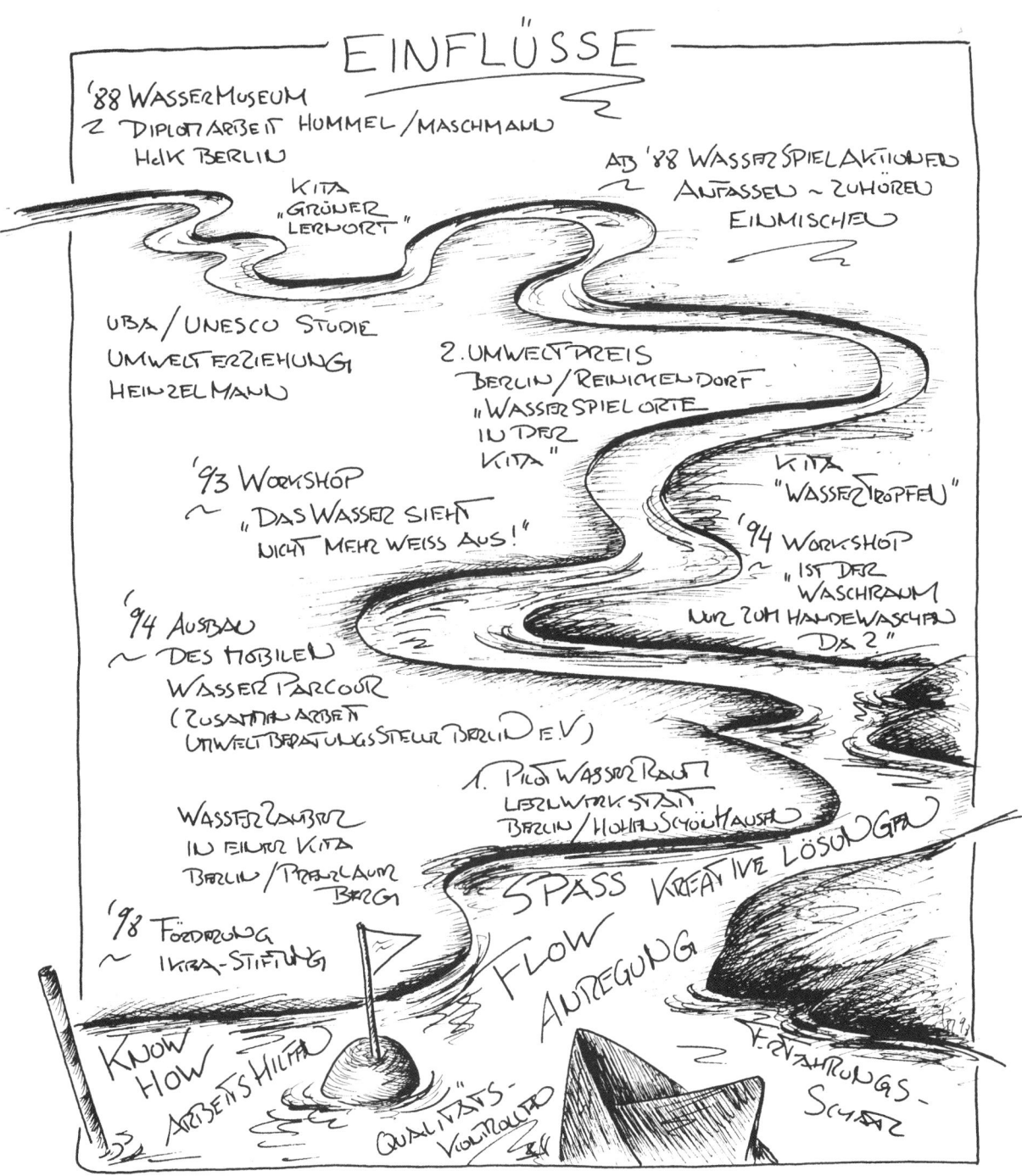

QUELLEN

Bildnachweis
- Christine Albert: Algenbad S.31
- Ich danke Herbert Gutsch / PALOMA Verlag für den Abdruck der Postkarte „Viel braucht man nicht, um glücklich zu sein!!", S.65
- Helmut Hummel/Annette Maschmann: Wasserspielaktion in der Hochschule der Künste 1987 S.15, Der Mikadobrunnen S.18, Mädchen in Gelb S.25, Wassergläserwand S.73, Modellbau S.82
- Martin Heinzelmann: Die Erms (Heimatfluß des Autors), Rückeinband
- Gabriele Maria Metternich: Blick-Knick/Titelfoto, Vater und Sohn bauen eine Wasserleitung S.13, Fische S.27, Wassereimer in der Kita S.34, Wasserflaschenorgel S.39, Müllangeln S.42, Auf dem Schlauch S.46, Schwimmt das Ding? S.51, Kita-Kinder gehen baden S.61, Waschraumimpressionen S.71, Einblicke S.79, Wasserrad S.84, Am Wasser-Matsch-Tisch, Rückeinband

Bildbearbeitung, Collagen, Grafiken
- Wieslaw Sadurski

Zeichnungen
- Jakomo: S.40
- Dennis: S.53
- Annette Maschmann: S.36, 38, 44, 45, 48, 49, 50, 52, 55, 56, 59, 68, 70, 76, 82, 91
- Rainer Warzecha: S.8, 11, 16, 17, 21, 24, 29, 43, 67, 74/75, 83, 85, 89, 94, 96

Textnachweis
- Christopher Markert: I Ging - Das Buch der Wandlungen, Goldmann
- klein & groß - Lebensorte für Kinder, Fachzeitschrift. Hermann Luchterhand - Verlag GmbH

Literaturhinweise

- Aladdin books: 1000 Experimente für junge Forscher, arena
- Hermann Krekeler, Marlies Rieper-Bastian: Spannende Experimente, Ravensburger
- Ursula Müller-Hiestand: Erde Wasser Luft Feuer, AT Verlag
- Gisela Walter: Wasser - die Elemente im Kindergartenalltag, Herder

Materialbeschaffung

Vieles gibt es im Haushalt, nebenan im Fachgeschäft für Sanitär/Gas/Wasser oder im Baumarkt. Lebensmittelfarbe findest Du vielleicht in der Lebensmittelabteilung eines Kaufhauses, vor allem aber in der Apotheke. Pipetten, destilliertes Wasser und ein Infusionsgerät. Bei weitergehenden Fragen Beratung durch das Wassermuseum e.V.

Musikhinweise

- Martin Buntrock: Meer
- Reinhard Lakomy: Der Wasserkristall
- G. Paetsch/Martin Buntrock: Spaziergang am Bach
- Zweitausendeins: Die Gesänge der Buckelwale

Danke

Ein Dankeschön an alle, die mit dazu beigetragen haben, das flüchtige Element in dieses Buch „zu zaubern":

• Frau Wegner für Eiswürfel • Nachbarn und Frau Ermel für diverse Keller • Skolan u. a. für den Schneemann in der Wrangelstraße • dem Wrangelkiez für unkonventionelle Beschaffung und Beratung u.a. Lukas-Apotheke, Fa. Yousef, Ismael, Herrn und Frau Balzus (Sänitär + Wasser), Mauro Luongo (Eis), der Tischlerei im Kerngehäuse, Foto Scholz, copytime • Thomas Kehlert • Herrn König von der Feuerwache Kreuzberg • stattauto • IKEA-Stiftung • Umweltberatungsstelle Berlin e. V. • Europäischer Sozialfond ESF (Pilot-Raum)

Für Fragen, Anregungen, Kritik, Materialien, Ermutigungen danke ich den Erzieherinnen und Erziehern:

• ESF-Kurs 17/Hohenschönhausen und ESF-Kurs 26/Hohenschönhausen • Workshop „Das Wasser sieht nicht mehr weiß aus!" (1993) • Workshop: „Ist der Waschraum nur zum Händewaschen da?" (1995) • Fortbildungen Wasserzauber in der Bildungswerkstatt/Hamburg (I+II/1997) und im FEZ/Berlin • (I/1997 + II/1998) • 66. Kita/Marzahn • Kita Regenbogeninsel • Kita Wassertropfen • Lernwerkstatt Hohenschönhausen • Stefan Rausch

• den pädagogischen Sachbearbeiterinnen Brigitta Mieske, Helgard Toußaint, Gisela Welke • Eva Kulla (Soz.päd. Fortbildung im FEZ) Renate Schanze, Monika Köhn und den Kindern und Mitarbeiterinnen der Kita Spatzentümpel und am Hasenberg (Wasserzauber)

• Ursula Pilz • Helmut und Annette für alles • Valerie (für „Spionage") • meinem Vater für die Paddeltouren, Fischotter, Sandbänke, Quellflüsse und idyllische Zeltplätze, die heute fast alle in Naturschutzgebieten liegen • Marco und Claudia (Waschraumsause 1983) • Kindern der 8. Kita Hellersdorf (Anregungen zur Spielkleidung)

Ein besonderes Dankeschön geht an die Fotografen, an Waltraud Prager und Jakomo für seinen Schmetterlingsunterwasserdrachen.

Gottfried Heinzelmann
Diplompädagoge und Schriftsteller. War u. a. als Reinigungskraft, Verwaltungskraft, Hausmeister, Erzieher, Kita-Leiter, wissenschaftlicher Mitarbeiter, Praxisbegleiter und Projektmanager tätig. Hat sich nach vielen Jahren der Arbeit mit Kindern dem Um(welt)lernen und den Interessen von Kindern verschrieben. Lebt in Berlin-Kreuzberg. Mitgründer, Mitarbeit und im Vorstand des Wassermuseum e. V.

Derzeitige Arbeitsschwerpunkte:
Fort- und Weiterbildung (u. a. von Umweltpädagoginnen), Forschungs- und Entwicklungsarbeit rund um Wasser und „flow-learning". Konzeptionsentwicklung und -beratung, eigene Schreib- und Lernwerkstatt, Kindergeschichten.

Und auch Mona und Julian sagen Tschüs! Ob ihr Wasserzauber wirkt?